하루 3줄 쓰기
내 마음의 이름을 알아요

일러두기

1. 단어의 뜻은 국립국어원의 《표준국어대사전》과 《한국어기초사전》에 나오는 풀이를 최대한 그대로 살렸지만, 몇몇 단어는 어린이의 이해를 돕기 위해 조금 더 쉽게 풀이하였습니다.
2. 사전에 나오는 단어의 뜻이 여러 개일 경우, 가장 활용이 많은 것으로 선정하였습니다.

한 그루의 나무가 모여 푸른 숲을 이루듯이
청림의 책들은 삶을 풍요롭게 합니다.

하루 3줄 쓰기

내 마음의 이름을 알아요

66일 기초완성
문해력 워크북

윤희솔 지음

청림Life

> 들어가는 말

안녕하세요?
오늘부터 여러분과 함께 마음 단어로 '하루 3줄 쓰기'를 할 윤희솔 선생님이에요.

선생님과 3줄 쓰기를 하기 전에, 여러분에게 도움이 될 특급 비결을 알려 주고 싶어요. 선생님이 20년 넘게 초등학생과 함께 지내면서, 인기 많은 학생의 비결을 알게 됐거든요. 여러분에게만 살짝 알려 줄 테니, 마음에 드는 친구를 표시하면서 읽어 보세요.

```
< 친해지고 싶은 친구는? >
□ 예의 바르고 똑똑한 친구
□ 자신감이 있고 친절한 친구
□ 자기 마음을 잘 표현하는 친구
□ 내 마음을 잘 알아주는 친구
□ 신중하고 차분하게 행동하는 친구
```

여러분은 어떤 친구와 친해지고 싶나요? 모두 다른 특성을 가진 친구처럼 보이지만, 사실 한 가지 공통점이 있어요. 바로 '마음'을 잘 알고 있다는 점이지요. 수많은 연구 결과에 의하면, 자기 마음을 잘 알고 알맞은 단어로 표현하는 사람이 똑똑하고 현명하게 행동한다고 해요.

'현명한 사람'으로 알려진 솔로몬왕은 "자기 마음을 잘 다스리는 사람이 도시를 정복하는 사람보다 낫다"고 했어요. 자기 마음을 잘 보듬는 친구들은 뭐든지 잘할 수 있다는 자신감이 생기고, 그래서 침착하게 생각할 여유도 가지게 되지요. 그 덕분에 자기 마음뿐 아니라 다른 사람의 마음도 잘 헤아려서 예의 바르고 신중하게 행동할 수 있고요.

여러분도 슬기롭고 인기 많은 친구가 될 수 있어요. 마음 단어 쓰기부터 해 보세요. 66일 동안 마음 단어로 하루 3줄 쓰기를 하면, 앞의 모습을 모두 가진 더 멋진 친구로 변신할 수 있어요.

이 책은 국립국어원 자료, 감정 전문가들이 쓴 책, 국어 교육 논문 등을 참고해서 어린이가 알아야 할 마음 단어를 골라 쉽게 하루 3줄씩 쓸 수 있도록 만들었어요. 사랑스러운 그림을 그리는 그림 작가님과 교육에 관한 책을 많이 만든 출판 전문가도 힘을 보탰고요.

이제 여러분 차례예요. 여러분도 마음을 다독이며 글을 쓰길 바랍니다. 하루 3줄 쓰기 습관으로 똑똑하고 슬기로운 어린이가 되길 응원할게요!

2024년 4월
윤희솔 선생님이

차례

들어가는 말	4
이 책의 활용법	8
원고지 작성법	10

어린이가 알아야 할 66가지 마음 단어

1. 걱정스럽다	12		13. 답답하다	36
2. 고맙다	14		14. 당황스럽다	38
3. 괜찮다	16		15. 두렵다	40
4. 괴롭다	18		16. 만족하다	42
5. 궁금하다	20		17. 무관심하다	44
6. 귀찮다	22		18. 무섭다	46
7. 그립다	24		19. 미안하다	48
8. 기쁘다	26		20. 밉다	50
9. 나쁘다	28		21. 보람차다	52
10. 낯설다	30		22. 부끄럽다	54
11. 놀라다	32		23. 부담스럽다	56
12. 다정하다	34		24. 부럽다	58
			25. 불쌍하다	60
			26. 불안하다	62
			27. 불쾌하다	64
			28. 불행하다	66
			29. 사랑하다	68
			30. 서럽다	70

31. 설레다	72	49. 우울하다	108
32. 속상하다	74	50. 유쾌하다	110
33. 슬프다	76	51. 자랑스럽다	112
34. 신기하다	78	52. 재미있다	114
35. 신나다	80	53. 즐겁다	116
36. 실망스럽다	82	54. 지루하다	118
37. 싫다	84	55. 짜릿하다	120
38. 쓸쓸하다	86	56. 짜증스럽다	122
39. 아쉽다	88	57. 초조하다	124
40. 아프다	90	58. 통쾌하다	126
41. 안타깝다	92	59. 편안하다	128
42. 야속하다	94	60. 평화롭다	130
43. 어색하다	96	61. 피곤하다	132
44. 억울하다	98	62. 행복하다	134
45. 예쁘다	100	63. 허무하다	136
46. 외롭다	102	64. 화나다	138
47. 용감하다	104	65. 후련하다	140
48. 우습다	106	66. 흐뭇하다	142

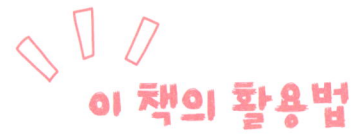
이 책의 활용법

사람이 습관을 만드는 데 평균 66일이 걸린다고 해요. 즉 66일만 열심히 하면 평생 써먹는 습관을 가지게 되는 것이죠. 이 책을 통해 앞으로 66일 동안 하루 3줄 쓰기를 하면서 마음을 슬기롭게 다독이는 연습을 해 보세요.

처음에는 어렵고 귀찮을 수도 있지만 하루하루 마음에 대한 글을 쓰다 보면 어느새 어떤 일이든 현명하게 해내는, 마음이 단단한 어린이가 될 거예요.

1. 국어사전을 찾아보며 한 줄

이 책에 나온 마음 단어의 뜻은 국립국어원의 《표준국어대사전》과 《한국어기초사전》을 참고하여 썼어요. 사전을 통해 그동안 알쏭달쏭 헷갈렸던 단어의 뜻을 정확히 알아보세요!

사랑하다: 아끼고 소중히 여겨 정성을 다해 위하다.

	사	랑	하	다	:		아	끼	고		소	중
히		여	겨			정	성	을		다	해		위
하	다	.											

2. 내 마음을 들여다보며 한 줄

오늘 배운 마음 단어를 보고 떠오른 나의 기억과 감정을 써 보세요. '고맙다'는 단어를 배우며 어떤 생각이 들었는지, '사랑하다'를 보며 어떤 기분이었는지 아주 작은 것이라도 생각해 써 보는 것이죠. 만약 기억이 나지 않으면, 예시를 보고 써도 좋아요.

	우	리		집		강	아	지	를		보	면	∨
매	번		간	식	을		주	고		싶	어	.	

3. 마음을 토닥이며 한 줄

오늘 배운 마음 단어가 속담, 고전, 문학 작품에서는 어떻게 나올까요? 또 훌륭한 업적을 남긴 사람들은 뭐라고 말했을까요? '마음을 토닥이며 한 줄'을 통해 이 말이 무슨 뜻일까, 왜 이렇게 말했을까 생각하다 보면 마음뿐 아니라 생각 주머니까지 커질 거예요.

자신을 사랑하는 법을 아는 것이 가장 위대한 사랑이다. - 마이클 매서

	자	신	을		사	랑	하	는		법	을
아	는		것	이		가	장		위	대	한
사	랑	이	다	.							

원고지 작성법

이 책의 글쓰기는 원고지에 쓰는 형식을 따라 가요. 원고지에 글을 쓰는 방법은 기본적으로는 그냥 공책에 쓰는 것과 똑같지만 몇 가지 다른 점도 있답니다. 하지만 어렵지 않아요! 이 책에서 원고지 작성법의 가장 기본을 배워 봐요.

1. 한 칸에 한 글자만 써요.

	사	랑	하	는		우	리		가	족	

2. 문단을 시작할 때는 무조건 첫 칸은 띄우고 써요. 문단이 바뀌지 않는다면 첫 칸을 띄우고 쓰면 안 돼요. 만약 줄의 맨 끝에 띄어쓰기를 할 공간이 없다면 줄의 맨 끝에 띄어쓰기 표시(∨)를 한 뒤 다음 줄 첫 칸부터 적어요.

	궁	금	하	다	:		무	엇	이		무	척	∨
알	고		싶	어	서		마	음	이		답	답	
하	다	.											

3. 온점(.)과 반점(,) 다음에는 칸을 띄우지 않아요. 하지만 물음표(?)나 느낌표(!)를 쓴 뒤에는 한 칸을 비워요. 줄 끝에 마침표나 쉼표를 쓸 때는 줄을 바꾸지 않고 글자와 함께 그 칸에 써요.

	애	벌	레	가		번	데	기	로		변	했
어.	나	비	는		언	제		나	오	는		
걸	까?		정	말		정	말		궁	금	해.	

4. 큰따옴표("")와 작은따옴표('')가 있는 문장은 따옴표가 끝날 때까지 왼쪽 첫 칸은 모두 비워요. 글이 온점(.)으로 끝날 때는 온점과 따옴표를 한 칸에 쓰고, 물음표(?)나 느낌표(!)는 다른 칸에 써요.

	"	우	리		이	제		딴		놀	이	하
자	!	"										
	"	그	래,		좋	아."						

5. 그 외 나머지 띄어쓰기는 맞춤법에 따라 써요.

마음 토닥토닥 1일차   월   일

1. 국어사전을 찾아보며 한 줄

걱정스럽다: 좋지 않은 일이 있을까 봐 두렵고 불안하다.

2. 내 마음을 들여다보며 한 줄

예시) 우리 강아지가 뭘 잘못 먹었는지 자꾸 캑캑거려.
　　　남극과 북극에 있는 빙하가 녹고 있대.
　　　엄마가 배탈이 나서 오늘 한 끼도 못 드셨어.

3. 마음을 토닥이며 한 줄

마음이 풀어지면 하는 일이 가볍다.
- 한국 속담

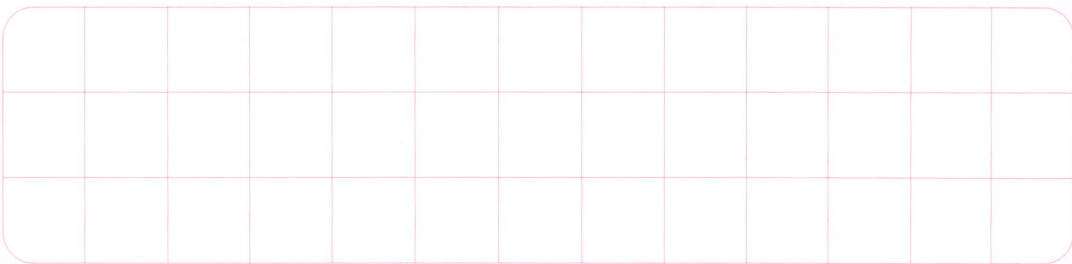

오늘의 한 줄 상식 근심, 걱정이 사라지면 어려운 일도 힘들이지 않고 쉽게 할 수 있다는 뜻이에요.

마음 토닥토닥 2일차　　　월　　일

고맙다

1. 국어사전을 찾아보며 한 줄

고맙다: 남이 베풀어 준 일로 마음이 흐뭇하고 즐겁다.

2. 내 마음을 들여다보며 한 줄

예시) 배가 아주 고팠는데, 엄마가 맛있는 떡볶이를 뚝딱 만들어 주셨어.
'내 마음을 어떻게 아셨지?' 아빠가 내가 갖고 싶은 선물을 사 주셨어.
점심시간에 내가 밥을 다 먹을 때까지 친구가 옆에서 기다려 줬어.

3. 마음을 토닥이며 한 줄

감사한 마음으로 받는 사람에게는 풍부한 수확이 있다.
- 윌리엄 블레이크

감사한 마음으로 받는
사람에게는 풍부한 수확이 ∨
있다.

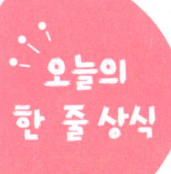
오늘의
한 줄 상식

'수확'이란 심어서 가꾼 농작물을 거두어들이는 것이나, 어떤 일을 하여 얻은 성과를 말해요. '감사하다'는 고맙게 여기는 마음을 뜻하지요. 감사한 마음을 갖는 사람이 좋은 결과를 낳는다는 뜻이랍니다.

마음 토닥토닥 3일차　　　월　　일

괜찮다

1. 국어사전을 찾아보며 한 줄

괜찮다: 걱정되거나 문제될 것이 없다.

2. 내 마음을 들여다보며 한 줄

예시) 아영이랑 싸우고 울면서 집에 갔는데, 엄마가 꼭 안아 주셨어.
전학 온 첫날, 같이 집에 가자고 하는 친구가 생겼어.
'난 할 수 있어!' 오늘은 이단 뛰기를 못했어도, 조금만 연습하면 될 것 같아.

3. 마음을 토닥이며 한 줄

보잘것없는 재산보다 훌륭한 희망을 가지는 것이 소망스럽다.
- 미겔 데 세르반테스

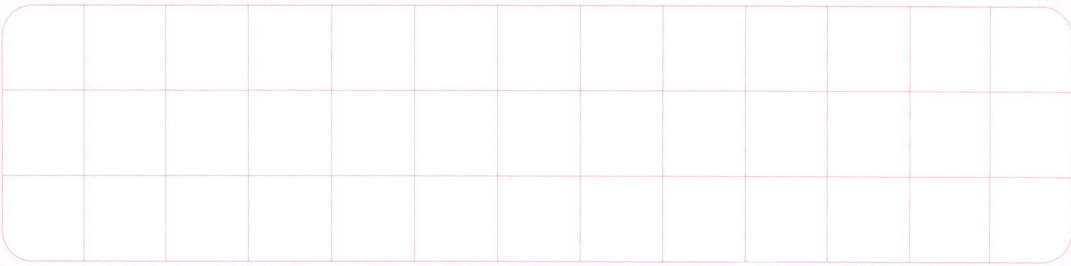

오늘의 한 줄 상식 희망이 있다면 어떤 어려움도 '괜찮아' 하고 이겨 낼 수 있을 거예요. 재산보다 훌륭한 희망으로 무슨 일이든 툭툭 털어 내길 바라요.

마음 토닥토닥 4일차　　월　　일

괴롭다

1. 국어사전을 찾아보며 한 줄

괴롭다: 몸이나 마음이 편하지 않고 아프고 고통스럽다.

2. 내 마음을 들여다보며 한 줄

예시) 나랑 제일 친하던 지영이가 이젠 나하고 인사도 안 해.
열이 나서 온몸이 덜덜 떨리고 꼼짝도 못 하겠어.
졸려서 자고 싶은데 숙제가 아직도 산더미야.

3. 마음을 토닥이며 한 줄

괴로움은 생리적으로나 정신적으로나 인간이 발전하여 가는 데 없어서는 안 될 조건이다.
- 레프 니콜라예비치 톨스토이

괴	로	움	은		생	리	적	으	로	나
정	신	적	으	로	나		인	간	이		발	전
하	여		가	는		데		없	어	서	는
안		될		조	건	이	다	.		

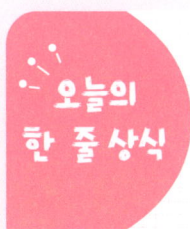

오늘의 한 줄 상식

'생리적'은 몸의 기능에 관련된 것이라는 뜻이에요. 이 글을 남긴 레프 니콜라예비치 톨스토이(1828~1910)는 러시아의 소설가이자 시인으로 《부활》,《전쟁과 평화》 등 수많은 명작을 쓴 작가랍니다.

마음 토닥토닥 5일차　　월　　일

궁금하다

1. 국어사전을 찾아보며 한 줄

궁금하다: 무엇이 무척 알고 싶어서 마음이 답답하다.

2. 내 마음을 들여다보며 한 줄

예시) 동생이 아침에 울면서 유치원에 갔는데 지금은 괜찮나 모르겠네.
번데기에서 나비가 언제쯤 나올까? 죽은 건 아니겠지?
이야기가 이제 막 재미있어지려고 하는데 선생님께서 책을 더 안 읽어 주셔.

3. 마음을 토닥이며 한 줄

나에게 특별한 재능이 있는 것이 아니다. 단지 굉장히 호기심이 많을 뿐이다.
- 알베르트 아인슈타인

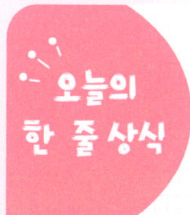

오늘의 한 줄 상식

'호기심'이란 새롭고 신기한 것을 좋아하거나 모르는 것을 알고 싶어 하는 마음입니다. 공부하면서 궁금한 것을 발견했나요? 그럼 공부를 잘 하고 있는 겁니다.

마음 토닥토닥 6일차　　　월　　일

귀찮다

1. 국어사전을 찾아보며 한 줄

귀찮다: 마음에 들지 않고 성가시다.

2. 내 마음을 들여다보며 한 줄

예시) 할 일이 산더미인데 동생이 자꾸 놀아달래.
　　　배부를 땐 아무것도 하기 싫어.
　　　자려고 누웠는데 모기가 자꾸 귓가를 왱왱거려.

3. 마음을 토닥이며 한 줄

백 리만 걸으면 눈썹조차 무겁다.
- 한국 속담

	백	리	만		걸	으	면		눈	썹	조
차		무	겁	다	.						

먼 길을 걸으면 몹시 지쳐서 몸에 지닌 하찮은 것조차 무겁고 귀찮아진다는 뜻이에요.

마음 토닥토닥 7일차　　　월　　일

그립다

1. 국어사전을 찾아보며 한 줄

그립다: 매우 보고 싶고 만나고 싶다.

2. 내 마음을 들여다보며 한 줄

예시) 유치원 앞을 지날 때마다 신나게 놀던 때가 생각나.
"우리 똥강아지" 하는 할머니 목소리가 듣고 싶어. 전화해야지!
작년에 무지개다리를 건넌 우리 집 강아지가 눈물 나게 보고 싶어.

3. 마음을 토닥이며 한 줄

누군가를 만나고 싶은 그리움을 간직하고 살아간다면 그 사람은 행복한 사람이다.
– 오화섭, 〈성실한 만남〉

누	군	가	를		만	나	고		싶	은	
그	리	움	을		간	직	하	고		살	아	간
다	면		그		사	람	은		행	복	한
사	람	이	다	.							

오늘의 한 줄 상식

'간직하다'는 물건을 어떤 장소에 잘 보관 한다는 뜻과 기억이나 추억 등을 마음속에 깊이 지니고 있다는 뜻을 모두 가지고 있어요.

마음 토닥토닥 8일차   월   일

기쁘다

1. 국어사전을 찾아보며 한 줄

기쁘다: 기분이 매우 좋고 즐겁다.

2. 내 마음을 들여다보며 한 줄

예시) 열심히 준비했던 태권도 심사를 한 번에 통과했어.
　　　같이 유치원에 다녔던 친한 친구랑 같은 반이 됐어.
　　　오늘 저녁엔 내가 제일 좋아하는 치킨을 먹기로 했어!

3. 마음을 토닥이며 한 줄

기쁨을 주는 사람만이 더 많은 기쁨을 즐길 수 있다.
- 알렉상드르 뒤마

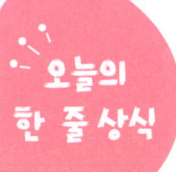

'기쁨은 나눌수록 배가 된다'는 말 기억하지요? 기쁨은 서로 주고받는 것입니다. 여러분의 기쁜 일은 열심히 나누고, 친구의 기쁜 일에는 열렬히 축하해 주세요!

마음 토닥토닥 9일차 　월　　일

나쁘다

1. 국어사전을 찾아보며 한 줄

나쁘다: 마음에 들지 않거나 좋은 느낌이 아니다.

2. 내 마음을 들여다보며 한 줄

예시) 애들이 모여서 이야기하는데, 자꾸 나를 보면서 웃어.
"물만 한 모금 마셔." 짝에게 내 물통을 줬는데, 홀랑 다 마셔 버렸어.
자기가 하고 싶은 역할을 못 맡았다고 역할 놀이를 안 한대.

3. 마음을 토닥이며 한 줄

세상의 모든 것은 변화가 많아서 좋은 것과 나쁜 것을 예측하기 쉽지 않다. 〔새옹지마〕
– 유안, 《회남자》

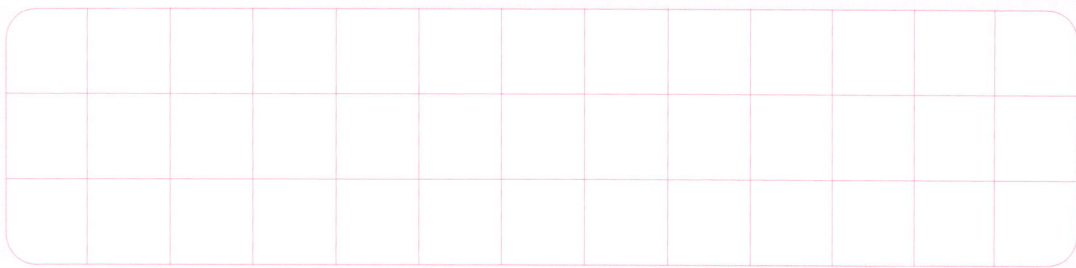

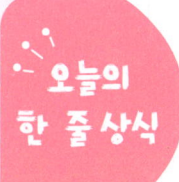

오늘의 한 줄 상식

'새옹지마塞翁之馬'는 '변방에 사는 노인의 말'이라는 뜻이에요. 어떤 이야기가 얽혀 있는지 알아 보세요.

마음 토닥토닥 10일차 　　월　　일

낯설다

1. 국어사전을 찾아보며 한 줄

낯설다: 전에 경험한 적이 없어서 익숙하지 않다.

2. 내 마음을 들여다보며 한 줄

예시) 전에 왔던 곳인데, 밤이 되니 길을 못 찾겠어.
전학 온 지 하루밖에 안 돼서 모든 게 새로워.
늘 친절했던 삼촌이 화를 냈어. 우리 삼촌 맞나?

3. 마음을 토닥이며 한 줄

낯선 땅이란 없다. 단지 여행자가 낯설 뿐이다.
– 로버트 루이스 스티븐슨

오늘의 한 줄 상식
로버트 루이스 스티븐슨(1850~1894)은 스코틀랜드 출신의 소설가예요. 《보물섬》,《지킬 박사와 하이드》 등을 쓴 작가랍니다.

마음 토닥토닥 11일차 　　　월　　　일

놀라다

1. 국어사전을 찾아보며 한 줄

놀라다: 뜻밖의 일을 당하거나 신기한 것을 보고 가슴이 두근거리다.

2. 내 마음을 들여다보며 한 줄

예시) '우르르 쾅쾅!' 갑자기 천둥이 울렸어. 아직도 가슴이 두근거려.
진규 동생은 한 번 들은 노래를 그대로 피아노로 연주할 수 있어!
얼굴에 뭐가 묻어서 봤더니 벌레였어. 으악!

3. 마음을 토닥이며 한 줄

자라 보고 놀란 가슴, 솥뚜껑 보고 놀란다.
- 한국 속담

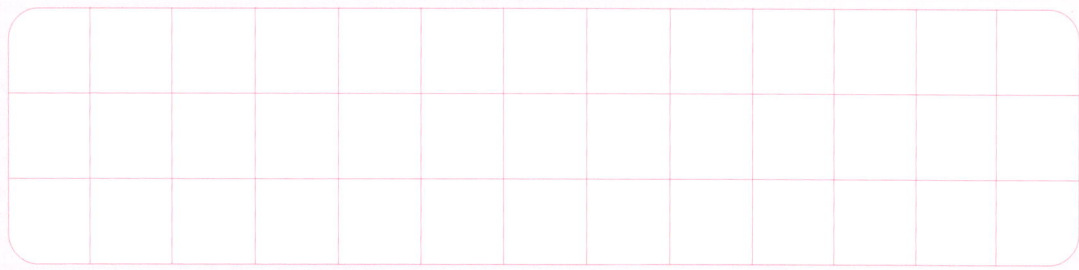

어떤 사물에 몹시 놀란 사람은 비슷한 사물만 보아도 겁을 낸다는 뜻이에요. 여러분도 이런 경험이 있나요?

마음 토닥토닥 12일차   월   일

다정하다

1. 국어사전을 찾아보며 한 줄

다정하다: 마음이 따뜻하고 정이 많다.

2. 내 마음을 들여다보며 한 줄

예시) "괜찮아?" 하고 물어보는 친구의 말이 따뜻해.
아빠랑 엄마랑 손잡고 걸어가는 걸 보니 참 좋아.
오랜만에 만난 건이가 웃으며 인사했어.

3. 마음을 토닥이며 한 줄

다정함과 친절은 나약함과 절망의 표시가 아니라 강함과 결단력의 표시이다.
- 칼릴 지브란

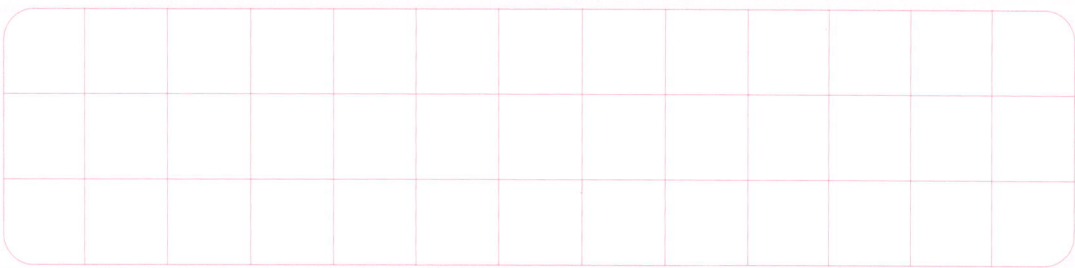

오늘의
한 줄 상식

칼릴 지브란(1883~193)은 시와 예술로 유명한 레바논계 미국인 작가예요. 그의 철학적인 에세이집 《예언자》는 아직까지도 전세계적으로 많은 사랑을 받고 있답니다.

마음 토닥토닥 13일차 　 월　　일

답답하다

1. 국어사전을 찾아보며 한 줄

답답하다: 애가 타고 속이 시원하지 않다.

2. 내 마음을 들여다보며 한 줄

예시) 친구가 말을 하다가 멈추더니 나머지는 내일 말해 준대.
'왜 이리 안 오시지?' 아빠랑 차 안에서 엄마를 한참 기다렸어.
마스크를 너무 오래 쓰고 있으면 숨이 턱턱 막혀.

3. 마음을 토닥이며 한 줄

인내심은 평온을, 성급함은 후회를 거둔다.
- 이븐 가비롤

| 인 | 내 | 심 | 은 | | 평 | 온 | 을 | , | 성 | 급 | 함 |
| 은 | | 후 | 회 | 를 | | 거 | 둔 | 다 | . | | |

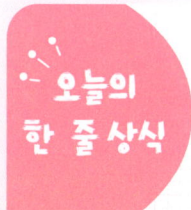
오늘의
한 줄 상식

'인내심'은 괴로움이나 어려움을 참고 견디는 마음이고, '성급함'은 침착하지 못하고 급한 마음을 뜻해요. 답답해도 인내하는 태도가 더 좋은 결과를 가져온다는 것을 잊지 마세요.

마음 토닥토닥 14일차   월   일

당황스럽다

1. 국어사전을 찾아보며 한 줄

당황스럽다: 놀라거나 매우 급하여 어떻게 해야 할지 모르다.

2. 내 마음을 들여다보며 한 줄

예시) "너 진호 좋아하지?" 갑자기 훅 물어보면 어떡해.
밥을 먹다가 우두둑하고 모래를 씹었어.
꺼내 놓았던 교과서가 갑자기 사라졌어. 이제 곧 수업 시작하는데!

3. 마음을 토닥이며 한 줄

가벼이 움직이지 말라. 침착하게 태산같이 무겁게 행동하라.
- 이순신

가	벼	이		움	직	이	지		말	라	.
침	착	하	게		태	산	같	이		무	겁	게
행	동	하	라	.								

∨

오늘의 한 줄 상식

위의 문장은 충무공 이순신 장군(1545~1598)이 옥포해전을 앞두고 병사들에게 하신 말씀이에요. 당황스러울수록 침착하게 생각하고 행동해 보세요.

마음 토닥토닥 15일차 월 일

두렵다

1. 국어사전을 찾아보며 한 줄

두렵다: 어떤 대상을 무서워하여 마음이 불안하다.

2. 내 마음을 들여다보며 한 줄

예시) 아빠가 오늘따라 너무 급하게 운전하시는 것 같아.
　　　지난번에 놀이터에서 만난 형은 정말 무서웠어. 또 만나면 어쩌지?
　　　길을 가는데 무섭게 생긴 강아지가 다가오고 있어.

3. 마음을 토닥이며 한 줄

용기란 두려움에 대한 저항이고, 두려움의 정복이다. 두려움이 없는 게 아니다.
- 마크 트웨인

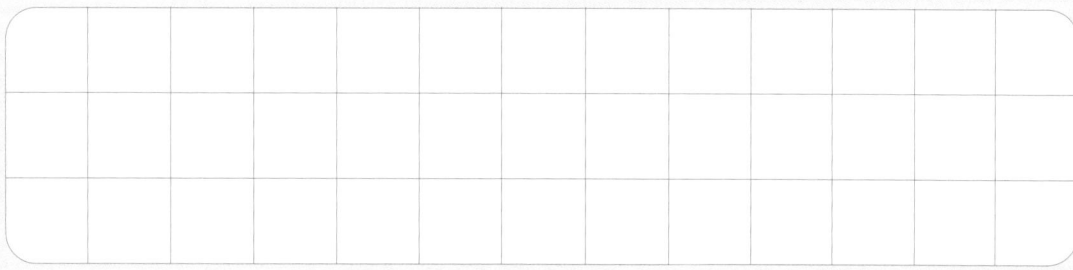

오늘의 한 줄 상식

'저항'이란 견뎌 내는 힘이고, '정복'이란 어려움을 이겨 내는 걸 말해요. 두려운 마음이 들면 일단 조심하는 것이 현명해요. 그럼에도 벌어진 일은 담담히 받아들이고 다시는 실수하지 않으려고 노력해 보세요.

마음 토닥토닥 16일차   월   일

만족하다

1. 국어사전을 찾아보며 한 줄

만족하다: 부족함이 없이 마음에 들어 좋다.

2. 내 마음을 들여다보며 한 줄

예시) 배도 부르고, 숙제도 다 하고, 날씨도 좋고! 모든 게 딱 좋아.
친구들과 찍은 사진을 봤는데, 내가 엄청 예쁘게 나왔어.
우리 모둠이 함께 열심히 그린 그림이 게시판에 붙었어.

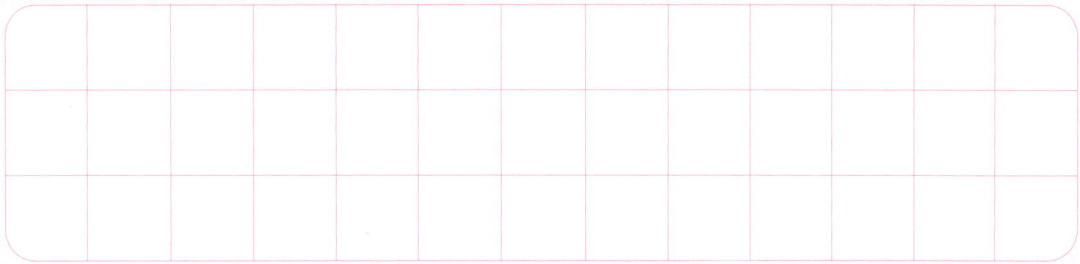

3. 마음을 토닥이며 한 줄

작은 것에 만족 못 하는 사람은 어떤 것에도 만족할 줄 모른다.
- 에피쿠로스

작	은		것	에		만	족		못		하
는		사	람	은		어	떤		것	에	도
만	족	할		줄		모	른	다	.		

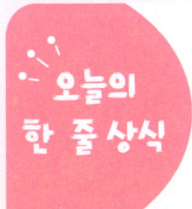

에피쿠로스(기원전 341~271)는 그리스에 살았던 철학자예요. 몸과 마음이 건강하고, 작은 것에 만족하며 사는 것이 쾌락(유쾌하고 즐거움)이라고 주장했지요.

마음 토닥토닥 17일차 　　월　　일

무관심하다

1. 국어사전을 찾아보며 한 줄

무관심하다: 흥미나 관심이 없다.

2. 내 마음을 들여다보며 한 줄

예시) "꼭 안 봐도 되죠?" 엄마가 뉴스 좀 보라는데, 안 봤어.
'내가 버린 게 아냐.' 쓰레기를 버린 사람이 줍던지, 말던지.
옆집에 누가 사는지 몰라도 되잖아?

3. 마음을 토닥이며 한 줄

사람이 사람에게 할 수 있는 가장 잔인한 일은, 혼잣말하도록 내버려두는 것이다.
– 박주영 판사

사 람 이 사 람 에 게 할 수
있 는 가 장 잔 인 한 일 은 ,
혼 잣 말 하 도 록 내 버 려 두 는
것 이 다 .

오늘의 한 줄 상식
'잔인하다'는 인정이 없고 독하다는 뜻이에요. 오늘은 '내가 무관심하지는 않았나?' 돌아보고 주변 사람들의 말을 들어 보면 어떨까요?

마음 토닥토닥 18일차 　　월　　일

무섭다

1. 국어사전을 찾아보며 한 줄

무섭다: 무슨 일이 일어날까 두렵다. 어떤 사람이나 상황을 피하고 싶다.

2. 내 마음을 들여다보며 한 줄

예시) 예전에 개한테 물린 적이 있어서, 강아지만 봐도 식은땀이 나.
혼자 자는데 천둥소리가 들려.
오줌이 마려워서 잠에서 깼는데 화장실까지 가는 길이 너무 깜깜해.

3. 마음을 토닥이며 한 줄

오직 미지의 것만이 사람들을 무섭게 한다. 그러나 그것을 무릅쓰면 그것은 이미 미지의 것이 아니다. - 앙투안 드 생텍쥐페리

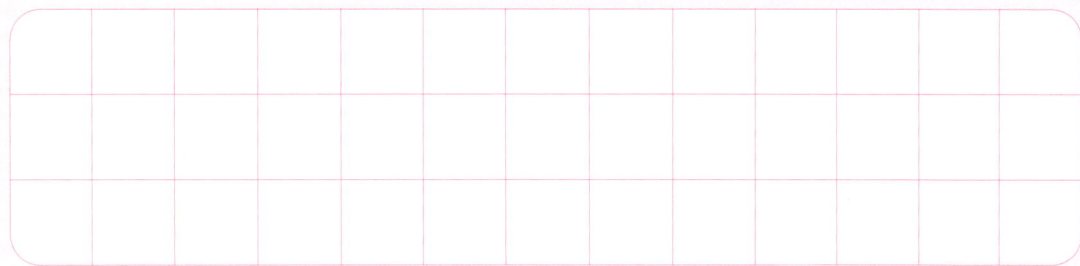

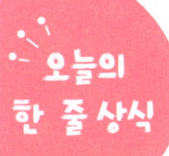

오늘의 한 줄 상식

'미지未知'는 아직 알지 못하는 것을 말해요. 우리가 가지는 무서움은 그것이 무엇인지 몰라서 생기는 경우가 많다는 뜻이죠. 무서운 마음이 들 땐, 무서운 마음이 드는 이유를 먼저 알아보고, 한번 도전해 보면 어떨까요? 막상 해 보면 별것 아닐 수 있어요.

마음 토닥토닥 19일차 　　　월　　　일

미안하다

1. 국어사전을 찾아보며 한 줄

미안하다: 남에게 잘못하여 마음이 불편하고 부끄럽다.

2. 내 마음을 들여다보며 한 줄

예시) "다음엔 꼭 시간 지킬게." 친구랑 만나기로 약속했는데, 또 늦었어.
내가 넘어지는 바람에 우리 팀이 달리기 경기에서 졌어.
다른 친구가 장난쳤는데 짝꿍이 그런 줄 알고 화를 벌컥 냈지 뭐야.

3. 마음을 토닥이며 한 줄

잘못을 인정하는 것처럼 마음이 가벼워지는 일은 없다.
- 《탈무드》

잘	못	을		인	정	하	는		것	처	럼
마	음	이		가	벼	워	지	는		일	은
없	다	.									

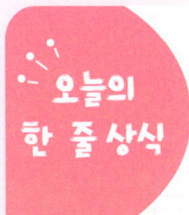
오늘의 한 줄 상식

이 뒤에 오는 말은 "자기가 항상 옳다고 주장하는 것처럼 마음이 무거워지는 것은 없다"예요. 여러분은 어느 쪽을 선택할 건가요?

마음 토닥토닥 20일차

월   일

밉다

1. 국어사전을 찾아보며 한 줄

밉다: 행동이나 태도가 마음에 들지 않거나 기분이 나쁜 느낌이 있다.

2. 내 마음을 들여다보며 한 줄

예시) 상 받았다고 잘난 체하는 동생이 오늘따라 못생겨 보여.
　　　나도 모르게 거짓말이 툭 튀어나왔어. 내가 진짜 미워.
　　　짝꿍이 밀어서 그림을 망쳤는데, 사과도 안 해.

3. 마음을 토닥이며 한 줄

미운 놈 떡 하나 더 준다.
- 한국 속담

| 　 | 미 | 운 | 　 | 놈 | 　 | 떡 | 　 | 하 | 나 | 　 | 더 | 　 |
| 준 | 다 | . | 　 | 　 | 　 | 　 | 　 | 　 | 　 | 　 | 　 | 　 |

오늘의 한 줄 상식 마음에 안 드는 사람에게도 친절하게 대하면, 그 사람과의 관계가 좋아질 수 있다는 뜻이에요.

마음 토닥토닥 21일차 　　월　　일

보람차다

1. 국어사전을 찾아보며 한 줄

보람차다: 좋은 결과를 얻어 자랑스러울 정도로 만족스럽다.

2. 내 마음을 들여다보며 한 줄

예시) 아침에 일찍 일어나서 방을 정리하고, 책도 읽고, 숙제도 다 했어.
받아쓰기를 다 맞았어. 어제 미리 공부하길 잘했다니까!
반 친구들이랑 열심히 청소를 했더니 교실이 깔끔해졌어.

3. 마음을 토닥이며 한 줄

가시한테 찔려야 밤 맛을 안다.
– 한국 속담

| 가 | 시 | 한 | 테 | | 찔 | 려 | 야 | | 밤 | | 맛 |
| 을 | | 안 | 다 | . | | | | | | | |

오늘의 한 줄 상식

'고생 끝에 낙이 온다'는 속담과 비슷한 말로, 어려운 일을 겪은 뒤 얻는 결실이 더 보람되게 느껴진다는 뜻이에요.

마음 토닥토닥 22일차   월   일

부끄럽다

1. 국어사전을 찾아보며 한 줄

부끄럽다: 쑥스럽거나 수줍다. 창피하거나 떳떳하지 못하다.

2. 내 마음을 들여다보며 한 줄

예시) 엘리베이터에서 만나는 이웃에게 인사하기가 왜 이리 어렵지?
　　　태권도 빨간 띠 땄다고 친구한테 자랑했는데, 친구는 품띠였어.
　　　신발 끈을 못 묶어서 동생이 묶어 줬어. 아, 얼굴이 다 화끈거리네.

3. 마음을 토닥이며 한 줄

잘못을 부끄러워하고, 악을 미워하는 마음이 옳은 마음이다.
- 맹자

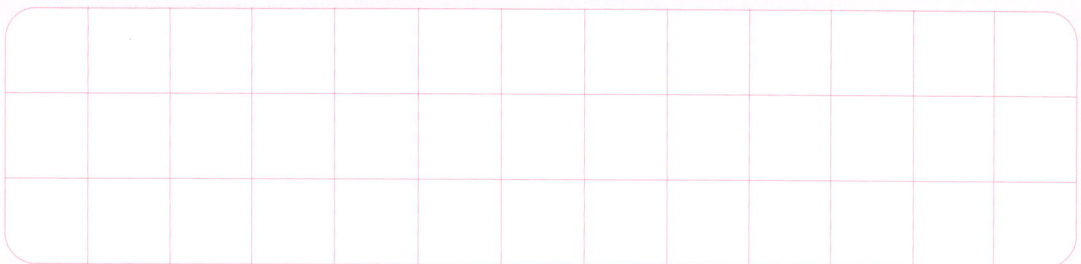

오늘의 한 줄 상식

맹자(기원전 372~289)는 중국의 철학자로 맹자의 어머니가 맹자를 훌륭하게 키우기 위해 세 번 이사했다는 일화 '맹모삼천지교孟母三遷之敎'가 유명하답니다.

마음 토닥토닥 23일차   월   일

부담스럽다

1. 국어사전을 찾아보며 한 줄

부담스럽다: 어떤 일이나 상황이 감당하기 어렵다.

2. 내 마음을 들여다보며 한 줄

예시) 체육대회에서 우리 반 대표로 계주 선수가 됐어.
친구가 자꾸 나한테 떡볶이를 사 줘. 나는 이번 달 용돈을 다 썼는데!
엄마 아빠가 친척들 앞에서 자꾸 노래를 부르래.

3. 마음을 토닥이며 한 줄

어떠한 일을 해내는 가장 효과적인 방법은, 그 일을 일단 하는 것이다.
- 아멜리아 에어하트

오늘의 한 줄 상식

부담스럽고 하기 싫다고 일을 계속 미루면 더 하기 싫어져요. 어떤 일이든 일단 시작한다면 부담감은 사라지고 할 수 있다는 자신감이 생길 거예요.

마음 토닥토닥 24일차   월   일

부럽다

1. 국어사전을 찾아보며 한 줄

부럽다: 다른 사람이 이룬 일이나 가진 물건을 갖고 싶은 마음이 있다.

2. 내 마음을 들여다보며 한 줄

예시) 현진이는 언니가 있어서 얼마나 좋을까?
 짝꿍이 새로 산 색연필엔 신기한 색이 많아. 나도 써 보고 싶어.
 친구들한테 인기가 많은 하진이가 부러워.

3. 마음을 토닥이며 한 줄

우리는 다른 사람이 가진 것을 부러워하지만, 다른 사람은 우리가 가진 것을 부러워한다.
- 푸블릴리우스 시루스

	우	리	는		다	른		사	람	이		가
진		것	을		부	러	워	하	지	만	,	다
른		사	람	은		우	리	가		가	진	
것	을		부	러	워	한	다	.				

오늘의 한 줄 상식

푸블릴리우스 시루스(기원전 85~43)는 고대 로마의 작가예요. 원래 노예였지만 재능을 알아본 주인이 그를 풀어 주어 교육을 받고, 작가가 되었지요.

마음 토닥토닥 25일차　　　월　　일

불쌍하다

1. 국어사전을 찾아보며 한 줄

불쌍하다: 처지가 가엾고 마음이 슬프다.

2. 내 마음을 들여다보며 한 줄

예시) '주인을 기다리나?' 강아지가 며칠째 길에서 한 곳만 쳐다보고 있어.
동물원 안에서 평생 갇혀 사는 동물들에 관한 책을 읽었어.
전쟁에서 부모님을 모두 잃은 아이의 이야기를 듣고 눈물이 났어.

3. 마음을 토닥이며 한 줄

다른 사람의 불행을 불쌍하게 여기는 마음이 선한 마음이다.
- 맹자

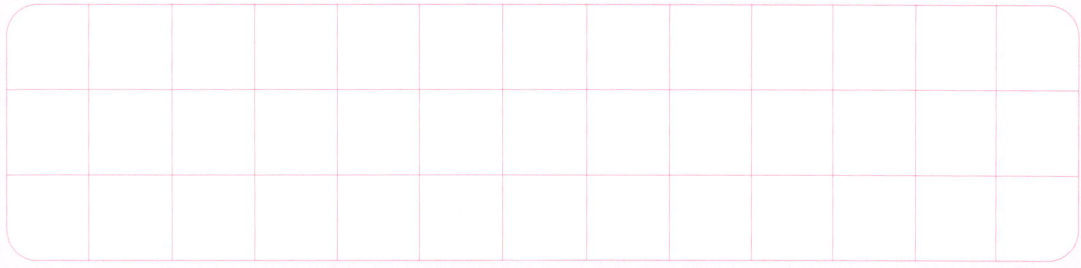

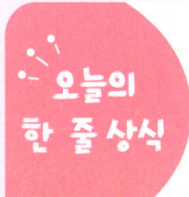

오늘의
한 줄 상식

'선한 마음'이란 올바르고 착한 마음을 뜻해요. 맹자는 선한 마음(인仁), 옳은 마음(의義), 겸손한 마음(예禮), 옳고 그름을 판단하는 마음(지智) 네 가지를 사람다운 마음이라고 했답니다.

마음 토닥토닥 26일차　　월　　일

불안하다

1. 국어사전을 찾아보며 한 줄

불안하다: 마음이 편하지 않고 조마조마하다.

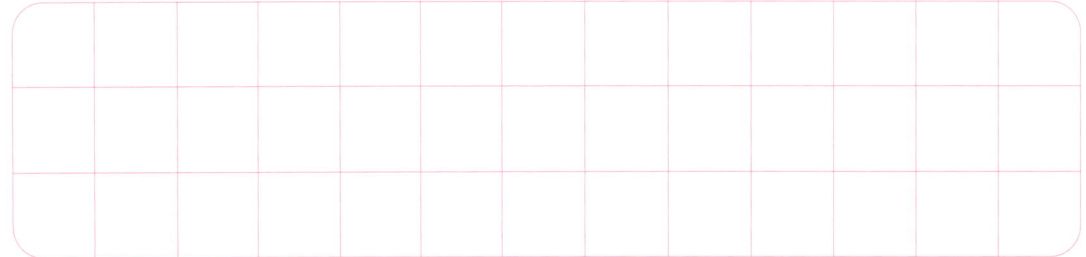

2. 내 마음을 들여다보며 한 줄

예시) '다리가 후들거려.' 출렁다리를 건너는데 다리가 막 흔들려.
집에 혼자 가고 있는데 누가 쫓아오는 것 같아.
친구에게 비밀을 말했는데, 친구가 다른 아이한테 말할 것 같아.

3. 마음을 토닥이며 한 줄

도둑질한 사람은 오그리고 자고, 도둑맞은 사람은 펴고 잔다.
- 한국 속담

	도	둑	질	한		사	람	은		오	그	리
고		자	고	,		도	둑	맞	은		사	람	은
펴	고		잔	다	.							

오늘의 한 줄 상식: 남에게 해를 입힌 사람은 마음이 불안하여 편하지 않지만, 해를 입은 사람은 찔리는 게 없으니 마음에 불편함이 없다는 뜻이에요.

마음 토닥토닥 27일차   월   일

불쾌하다

1. 국어사전을 찾아보며 한 줄

불쾌하다: 못마땅하여 기분이 좋지 않다.

2. 내 마음을 들여다보며 한 줄

예시) 나랑 한 약속을 친구가 일부러 어긴 걸 알게 됐어.
잘난 척하면서 거들먹거리는 친구의 말투가 거슬려.
분리수거하러 갔다가 음식물 쓰레기통에서 나는 냄새를 맡았어.

3. 마음을 토닥이며 한 줄

친구의 찌푸린 얼굴을 보느니 바보의 웃는 얼굴을 보는 것이 낫다.

– 북한 속담

	친	구	의		찌	푸	린		얼	굴	을
보	느	니		바	보	의		웃	는		얼	굴
을		보	는		것	이		낫	다	.		

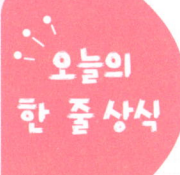

오늘의 한 줄 상식

친한 사람이라도 찌푸린 얼굴을 보는 것은 불쾌한 일이라는 뜻이에요. 불쾌한 일을 웃음으로 **훌훌 털어 낼** 여러분만의 방법을 찾아보세요.

마음 토닥토닥 28일차 | 월   일

불행하다

1. 국어사전을 찾아보며 한 줄

불행하다: 행복하지 않다.

2. 내 마음을 들여다보며 한 줄

예시) 아빠랑 엄마가 서로 한마디도 안 하더니 오늘은 막 싸워.
　　　동화책에 나오는 '성냥팔이 소녀'가 불행해 보여.
　　　나쁘고 슬픈 기억이 자꾸 떠올라서 눈물만 나.

3. 마음을 토닥이며 한 줄

약한 사람은 불행이 닥치면 체념한다. 그러나 위대한 사람은 불행을 딛고 일어선다.
- 워싱턴 어빙, 《스케치북》

	약	한		사	람	은		불	행	이	닥
치	면		체	념	한	다	.	그	러	나	위
대	한		사	람	은		불	행	을	딛	고
일	어	선	다	.							

∨

오늘의 한 줄 상식

'체념'이란 기대나 희망을 버리고 아주 포기하는 거예요. '위대한'은 훌륭하다는 뜻이고요. 여러분은 약한 사람과 위대한 사람 중 어떤 사람이 되고 싶나요?

마음 토닥토닥 29일차   월   일

사랑하다

1. 국어사전을 찾아보며 한 줄

사랑하다: 아끼고 소중히 여겨 정성을 다해 위하다.

2. 내 마음을 들여다보며 한 줄

예시) "너 먹는 것만 봐도 배불러"라고 말씀하시는 엄마의 마음이 진짜 사랑이래.
친구에게 내 우산을 주고 나는 비를 맞으며 집으로 뛰어왔어.
나도 목이 말랐지만, 한 모금 남은 물을 동생에게 줬어.

3. 마음을 토닥이며 한 줄

자신을 사랑하는 법을 아는 것이 가장 위대한 사랑이다.
- 마이클 매서

	자	신	을		사	랑	하	는		법	을
아	는		것	이		가	장		위	대	한
사	랑	이	다	.							

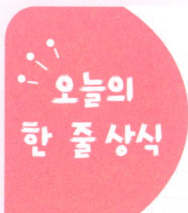
오늘의 한 줄 상식

부모님이나 친구를 사랑하는 것도 중요하지만 가장 중요한 것은 스스로를 사랑하는 마음이라는 뜻이에요. 자기 자신을 사랑할 줄 아는 사람이 다른 사람도 사랑할 수 있답니다.

마음 토닥토닥 30일차 　　　월　　　일

서럽다

1. 국어사전을 찾아보며 한 줄

서럽다: 억울하고 슬프다.

2. 내 마음을 들여다보며 한 줄

예시) 우리 가족은 맨날 형이 먹고 싶은 것만 먹으러 가.
언니는 언니니까 존중해 주고, 동생은 동생이니까 양보하래. 나는 뭐야?
친구랑 같이 울고 있는데, 애들이 친구만 위로해 줘.

3. 마음을 토닥이며 한 줄

슬픔의 새가 머리 위를 나는 것을 막지는 못하지만, 내 머리에 둥지를 트는 것은 막을 수 있다. - 중국 속담

슬	픔	의		새	가		머	리		위	를
나	는		것	을		막	지	는		못	하 지
만	,	내		머	리	에		둥	지	를	트
는		것	은		막	을		수		있	다 .

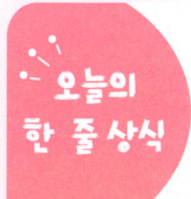

서러운 일은 생기게 마련이지만, 계속 서러운 일을 생각해서 나를 더 힘들게 하지 마세요. 마음을 잘 다독이는 방법을 찾아보고 실천해 보세요.

마음 토닥토닥 31일차 　　　　월　　　일

설레다

1. 국어사전을 찾아보며 한 줄

설레다: 마음이 들떠서 두근거리다.

2. 내 마음을 들여다보며 한 줄

예시) 내일은 친구들이랑 파자마 파티를 하는 날이야!
　　　내가 좋아하는 진규랑 같이 선생님 심부름을 했어.
　　　아빠가 강아지를 데리고 오는 중이래. 새로운 가족이 생기는 거야!

3. 마음을 토닥이며 한 줄

어떤 일을 하기에 앞서 스스로 그 일에 대한 기대를 가져야 한다.
- 마이클 조던

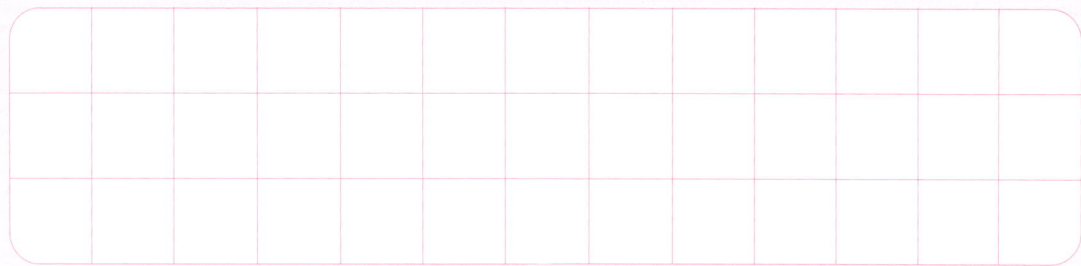

> 오늘의 한 줄 상식

설레임(X), 설렘(O)
들뜨고 두근거리는 느낌은 '설렘'이 맞는 표현입니다.

마음 토닥토닥 32일차 　　월　　일

속상하다

1. 국어사전을 찾아보며 한 줄

속상하다: 일이 뜻대로 되지 않아 마음이 편하지 않고 괴롭다.

2. 내 마음을 들여다보며 한 줄

예시) 새로 산 옷에 물감이 쏟아져서 엉망이 됐어.
친구에게 정성 들여 써 준 카드가 교실 바닥에 버려져 있어.
장염이라 죽을 싸 왔는데, 점심시간에 내가 가장 좋아하는 치킨이 나왔어.

3. 마음을 토닥이며 한 줄

괴로운 곳에서 즐거운 마음을 얻을 수 있어야 진짜 즐거움을 아는 것이다.
- 《채근담》

괴	로	운		곳	에	서		즐	거	운
마	음	을		얻	을		수		있	어	야
진	짜		즐	거	움	을		아	는		것	이
다	.									

오늘의 한 줄 상식

속상할 때 그 속상한 마음을 잘 토닥여서 극복하는 어린이가 진짜 강한 어린이랍니다. 속상하거나 괴로운 마음이 들 때, 여러분은 어떻게 슬기롭게 마음을 달랠지 생각해 보세요.

마음 토닥토닥 33일차   월   일

슬프다

1. 국어사전을 찾아보며 한 줄

슬프다: 눈물이 날 만큼 마음이 아프고 괴롭다.

2. 내 마음을 들여다보며 한 줄

예시) 6.25전쟁으로 평생 만나지 못한 이산가족의 이야기를 들었어.
그림책에서 주인공이 돌아가신 엄마를 부를 때 눈물이 났어.
날마다 같이 학교에 가는 친구가 전학을 간대.

3. 마음을 토닥이며 한 줄

슬픔을 나누면 반으로 줄고, 기쁨을 나누면 그 배가 된다.
- 영국 속담

	슬	픔	을		나	누	면		반	으	로
줄	고	,		기	쁨	을		나	누	면		그
배	가		된	다	.						

오늘의 한 줄 상식

'속담'이란 옛날부터 사람들 사이에서 전해져 오는 교훈이 담긴 짧은 말이에요. 우리나라, 프랑스, 스웨덴 등에서도 위와 비슷한 속담이 전해 온답니다.

마음 토닥토닥 34일차   월   일

신기하다

1. 국어사전을 찾아보며 한 줄

신기하다: 믿을 수 없을 정도로 색다르고 놀랍다.

2. 내 마음을 들여다보며 한 줄

예시) 가방에 물이 들어 있어. '엄마는 내가 목마를 줄 어떻게 아셨지?'
집에선 아무것도 안 하는 형이 학교에서는 학급 회장이래.
마술사가 내가 고른 카드를 맞혔어. 아무한테도 안 보여 줬는데!

3. 마음을 토닥이며 한 줄

글을 쓴다는 것은 인간이 마법을 부릴 수 있다는 증거입니다.
- 칼 세이건

	글	을		쓴	다	는		것	은		인	간
이		마	법	을		부	릴		수		있	다
는		증	거	입	니	다	.					

오늘의 한 줄 상식

마음 쓰기를 해 보니 좀 더 자신의 마음을 잘 알게 되지 않나요? 이처럼 생각만 하는 것보다 직접 글을 써 보면 우리는 더욱 많은 것을 알게 된답니다.

마음 토닥토닥 35일차   월   일

신나다

1. 국어사전을 찾아보며 한 줄

신나다: 흥이 나고 기분이 아주 좋아지다.

2. 내 마음을 들여다보며 한 줄

예시) "물싸움 한 판?" 동생이랑 계곡에서 물장구를 쳤어.
게임에서 오늘 계속 이기고 있어. 순위 좀 오르겠는데?
다음 시간에 운동장에서 피구를 한대!

3. 마음을 토닥이며 한 줄

즐거움에 찬 얼굴은 한 접시의 물로도 연회를 만들 수 있다.
- 조지 허버트

	즐	거	움	에		찬		얼	굴	은		한	∨
접	시	의		물	로	도		연	회	를		만	
들		수		있	다	.							

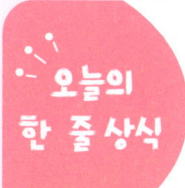

오늘의 한 줄 상식

'연회'란 여러 사람이 모여 음식을 먹으며 즐기는 잔치예요. 연회에는 음식이 빠질 수 없지만, 음식이 없더라도 즐겁고 신나는 마음만 있다면 충분히 재미있는 잔치가 될 수 있다는 뜻이랍니다.

마음 토닥토닥 36일차   월   일

실망스럽다

1. 국어사전을 찾아보며 한 줄

실망스럽다: 기대하던 대로 되지 않아 마음이 몹시 상한 데가 있다.

2. 내 마음을 들여다보며 한 줄

예시) 체육대회인데 아침부터 비가 내려.
식당 앞에서 한 시간이나 기다린 끝에 드디어 음식을 먹었는데, 맛이 너무 없잖아!
받아쓰기 연습을 다섯 번이나 했는데, 또 잔뜩 틀렸어.

3. 마음을 토닥이며 한 줄

나는 실망하지 않는다. 모든 실패는 앞으로 나아가기 위한 걸음이기 때문이다.
- 토머스 에디슨

	나	는		실	망	하	지		않	는	다	.
모	든			실	패	는			앞	으	로		나	아
가	기			위	한			걸	음	이	기		때	문
이	다	.

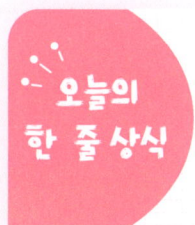

토머스 에디슨(1847~1931)은 미국의 발명가이자 기술자, 사업가입니다. 백열전구, 축음기, 영사기 등 우리의 삶에 도움을 주는 수많은 발명품을 남겼어요.

마음 토닥토닥 37일차 월   일

싫다

1. 국어사전을 찾아보며 한 줄

싫다: 마음에 들지 않다. 어떤 일을 하고 싶지 않다.

2. 내 마음을 들여다보며 한 줄

예시) '또 시작이야.' 현지가 자랑하는 걸 또 들어야 하나?
칠판을 손톱으로 긁는 소리는 정말 참기 힘들어.
이젠 치마를 안 입고 싶은데, 자꾸 엄마가 입으래.

3. 마음을 토닥이며 한 줄

고양이가 쥐를 마다한다.
– 한국 속담

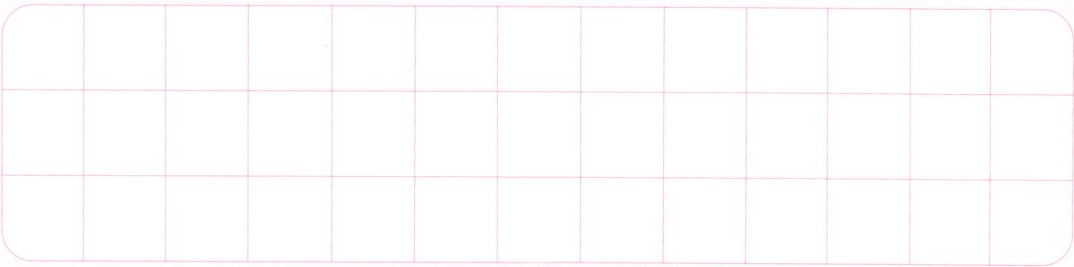

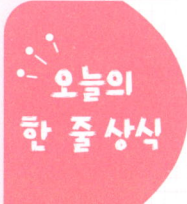

오늘의 한 줄 상식 원래 좋아하는 것을 괜히 싫다고 거절할 때 이를 비꼬는 말이에요.

마음 토닥토닥 38일차 | 월   일

쓸쓸하다

1. 국어사전을 찾아보며 한 줄

쓸쓸하다: 마음이 외롭고 허전하다.

2. 내 마음을 들여다보며 한 줄

예시) 다리를 다쳐서 운동장 벤치에 앉아 친구들이 노는 걸 지켜봤어.
놀이터에 아무도 없어. 조용한 놀이터는 뭔가 허전해.
아빠랑 엄마가 집에 안 계셔. 저녁때까지 나 혼자 집에 있어야 해.

3. 마음을 토닥이며 한 줄

고독은 상상력에 있어서 유익한 것이다.
– 제임스 러셀 로웰

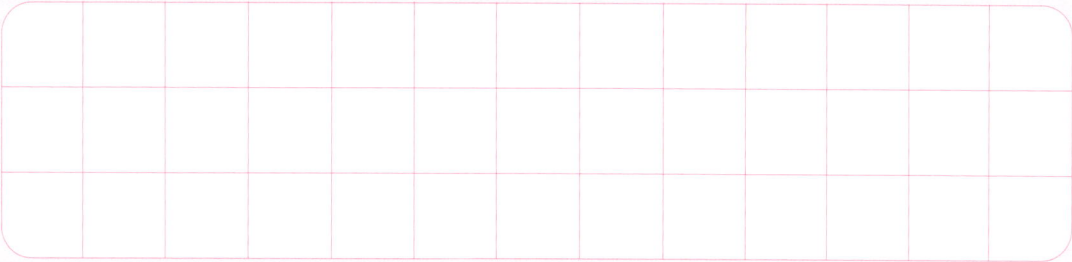

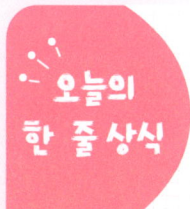

'고독'은 외롭고 쓸쓸하다는 뜻이에요. 쓸쓸하고 외로운 것이 무조건 나쁜 것은 아니에요. 이때 혼자 곰곰히 하는 생각이야말로 우리의 상상력을 키우는 데 도움을 준답니다.

마음 토닥토닥 39일차 　 월 　 일

아쉽다

1. 국어사전을 찾아보며 한 줄

아쉽다: 필요한 것이 없거나 모자라서 안타깝다. 미련이 남아 서운하다.

2. 내 마음을 들여다보며 한 줄

예시) 어제 다리를 다쳐서 오늘 반 대항 축구 경기를 못 뛰어.
　　　우리 집 몽실이가 낳은 강아지를 다른 집에 보내야 해.
　　　우리 반에서 키우는 배추흰나비 애벌레가 주말 사이에 죽어 버렸어.

3. 마음을 토닥이며 한 줄

나 자신의 처지를 헤아려 남의 처지를 이해한다.
- 안자

| 나 | 자 | 신 | 의 | | 처 | 지 | 를 | | 헤 | 아 |
| 려 | | 남 | 의 | | 처 | 지 | 를 | | 이 | 해 | 한 | 다. |

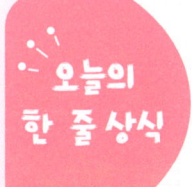

어떤 일이나 사람이 딱해서 안타까운 마음을 갖는 건 아름다운 일이에요. '나라면?' 하는 마음으로 다른 사람의 처지를 헤아려 보세요.

마음 토닥토닥 40일차 월   일

아프다

1. 국어사전을 찾아보며 한 줄

아프다: 슬프거나 불쌍해서 마음에 괴로운 느낌이 있다.

2. 내 마음을 들여다보며 한 줄

예시) 이제 할아버지를 요양병원에 가야 만날 수 있대.
　　　내가 패널티킥만 넣었어도 우리 팀이 이길 수 있는데…….
　　　나한테 알레르기가 생겨서 키우던 고양이를 다른 집에 보내야 해.

3. 마음을 토닥이며 한 줄

나무가 허다한 고통을 겪은 후에는 열매 맺을 철이 온다. 겨울은 늘 봄 속에서 끝난다.
- 알베르트 카뮈

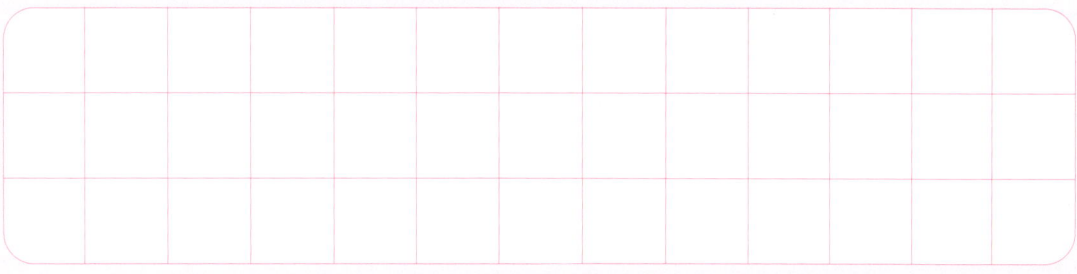

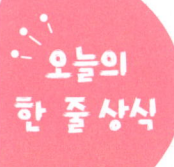

오늘의 한 줄 상식

뜨거운 태양과 세찬 바람을 견디며 나무가 꽃을 피우고 열매를 맺는 것처럼, 아픔을 이겨 내는 사람은 더 강하고 멋진 사람이 될 수 있어요.

마음 토닥토닥 41일차 　월　　일

안타깝다

1. 국어사전을 찾아보며 한 줄

안타깝다: 뜻대로 되지 않거나 보기에 가엾고 불쌍해서 가슴이 아프다.

2. 내 마음을 들여다보며 한 줄

예시) 엄마랑 식당에 갔는데, 정말 음식이 맛있었어. 아빠도 같이 올걸.
벌써 방학이 끝났다고? 며칠만 더 있으면 좋으련만!
외가에 갔는데 외할아버지가 바쁘셔서 못 뵙고 왔어.

3. 마음을 토닥이며 한 줄

오뉴월 불도 쬐다 나면 아쉽다.
- 한국 속담

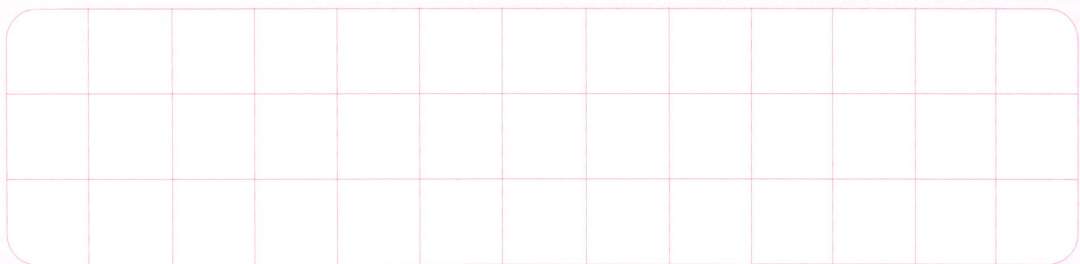

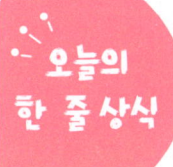
오늘의
한 줄 상식

'오뉴월'은 여름이에요. 여름에 쬐는 불은 필요 없다고 생각하지만, 막상 그 불이 없어지면 섭섭하다는 뜻이에요. 평소 소중함을 느끼지 못했던 것도 막상 없어지면 아쉽다는 의미를 담고 있지요.

마음 토닥토닥 42일차   월   일

야속하다

1. 국어사전을 찾아보며 한 줄

야속하다: 무정한 행동이나 그런 사람이 섭섭하게 여겨져 언짢다.

2. 내 마음을 들여다보며 한 줄

예시) 내가 지난번에 색종이를 빌려줬는데, 짝꿍은 기억이 안 난대.
"자리 없어." 그 보드게임 네 명이 하는 거잖아. 너희는 세 명이고.
나는 아파서 누워 있는데 오빠는 치킨을 먹으면서 신나게 놀아.

3. 마음을 토닥이며 한 줄

남에게 너그러운 만큼 내 마음이 넉넉해지고, 남에게 야속하게 군 만큼 내 마음이 좁아진다. - 플라톤

남	에	게		너	그	러	운		만	큼	
내		마	음	이		넉	넉	해	지	고	,	남
에	게		야	속	하	게		군		만	큼
내		마	음	이		좁	아	진	다	.

오늘의 한 줄 상식 다른 사람에게 야속하게 굴면 내 마음이 좁아진다는 뜻이에요. 우리의 마음은 우리가 다른 사람을 대하는 모습대로 모양이 잡힌답니다.

마음 토닥토닥 43일차　　월　　일

어색하다

1. 국어사전을 찾아보며 한 줄

어색하다: 잘 모르는 일이나 사람 앞에서 자연스럽지 못하다.

2. 내 마음을 들여다보며 한 줄

예시) 오랜만에 만난 사촌이 반가운데 어떻게 표현해야 할지 모르겠어.
　　　옆집에 사시는 아주머니랑 엘리베이터에 단둘이 탔어.
　　　형이 머리를 짧게 자르고 교복을 입은 모습을 봤어.

3. 마음을 토닥이며 한 줄

짚신감발에 사립 쓰고 간다.
– 한국 속담

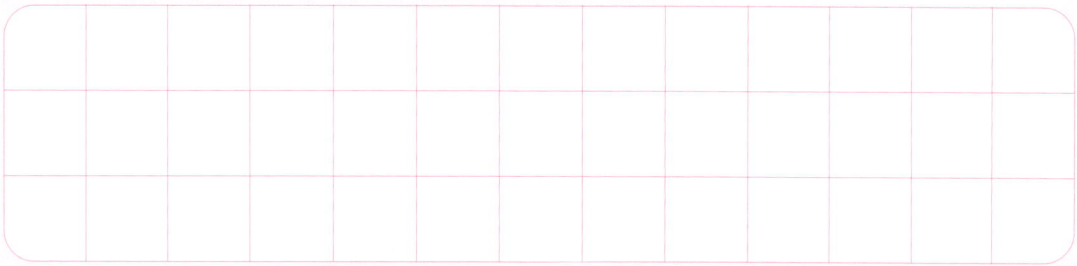

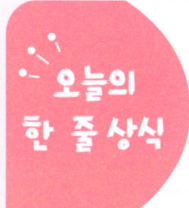

'짚신감발'이란 짚신을 신은 차림새를 말하고 '사립'이란 명주실로 만든 귀한 삿갓을 뜻해요. 허름한 짚신에 귀한 삿갓을 쓰는 것은 서로 어울리지 않고 어색하다는 뜻입니다.

마음 토닥토닥 44일차   월   일

억울하다

1. 국어사전을 찾아보며 한 줄

억울하다: 잘못한 것도 없이 피해를 입어서 속이 상하고 답답하다.

2. 내 마음을 들여다보며 한 줄

예시) 딱지 치다가 싸운 친구들 때문에 교실에서 딱지놀이를 못 하게 됐어.
"맨날 스마트폰만 보냐?" 조금 전까지 책 읽었는데…….
형이 먹으려고 둔 과자가 없어졌다며 나를 노려봐. 난 안 먹었는데!

3. 마음을 토닥이며 한 줄

오이밭에서는 신발을 고쳐 신지 말고, 자두밭에서는 갓끈을 고쳐 매지 말라.
– 곽무천

	오	이	밭	에	서	는		신	발	을		고
쳐		신	지		말	고	,		자	두	밭	에	서
는		갓	끈	을		고	쳐		매	지		말
라	.											

오이밭에서 신발을 고쳐 신으면 오이를 따는 것처럼 보일 수 있고, 자두 나무 아래서 갓(모자)끈을 고쳐 매면 자두를 따는 것처럼 보일 수 있으니 억울하게 누명 쓸 행동은 아예 하지 말라는 뜻입니다.

마음 토닥토닥 45일차   월   일

예쁘다

1. 국어사전을 찾아보며 한 줄

예쁘다: 행동이나 생긴 모양 등이 보기에 사랑스럽고 귀엽다.

2. 내 마음을 들여다보며 한 줄

예시) 세배하려고 한복을 차려입고, 머리도 예쁘게 땋았어.
아기가 쌔근쌔근 자다가 깨더니 나를 보고 빵긋 웃었어.
우리 학교 화단에 이렇게 꽃이 많은 줄 몰랐어.

3. 마음을 토닥이며 한 줄

사막이 아름다운 것은 어딘가에 샘을 숨기고 있기 때문이다.
- 앙투안 드 생텍쥐페리

사	막	이		아	름	다	운		것	은
어	딘	가	에		샘	을		숨	기	고		있
기		때	문	이	다	.					

오늘의 한 줄 상식

눈에 보이는 것만이 예쁘고 사랑스러운 게 아니에요. 우리 눈에는 보이지 않아도 숨어 있는 아름다움을 찾을 수 있다면 삶은 더욱 풍요로워질 거예요.

마음 토닥토닥 46일차   월   일

외롭다

1. 국어사전을 찾아보며 한 줄

외롭다: 혼자가 되거나 의지할 데가 없어서 쓸쓸하다.

2. 내 마음을 들여다보며 한 줄

예시) 온 가족이 다 같이 거실에 있는데 나만 혼자 방에 있어.
우리 반에 도서관에 같이 가자고 할 친구가 없어.
진아는 엄마가 데리러 왔네. 나는 집에 혼자 가야 하는데.

3. 마음을 토닥이며 한 줄

이 세상에서 가장 강한 인간은 고독 속에서 오직 홀로 선 인간이다.
- 헨리크 입센

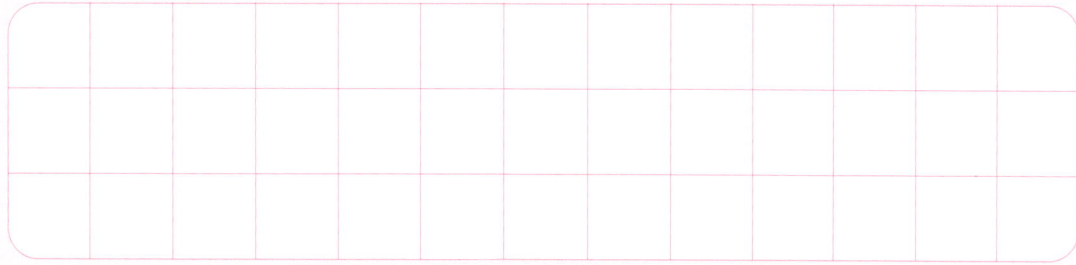

'고독'이란 혼자 남겨져 외롭고 쓸쓸한 것을 말해요. 하지만 이런 고독 속에서도 혼자 꿋꿋이 잘 지내는 사람이 가장 강한 사람이라는 뜻이랍니다.

마음 토닥토닥 47일차　　월　　일

용감하다

1. 국어사전을 찾아보며 한 줄

용감하다: 용기가 있으며 씩씩하고 기운차다.

2. 내 마음을 들여다보며 한 줄

예시) 선아를 놀릴 계획을 세우는 친구들한테 그러면 안 된다고 말했어.
　　　선생님께 칭찬받았는데, 내가 한 일이 아니라고 말씀드렸어.
　　　맨몸으로 태극기만 들고 3.1운동을 한 분들이 제일 용감한 것 같아.

3. 마음을 토닥이며 한 줄

참된 용기는 남이 보고 있지 않을 때에 보여진다.
- 프랑수아 6세 드 라 로슈푸코

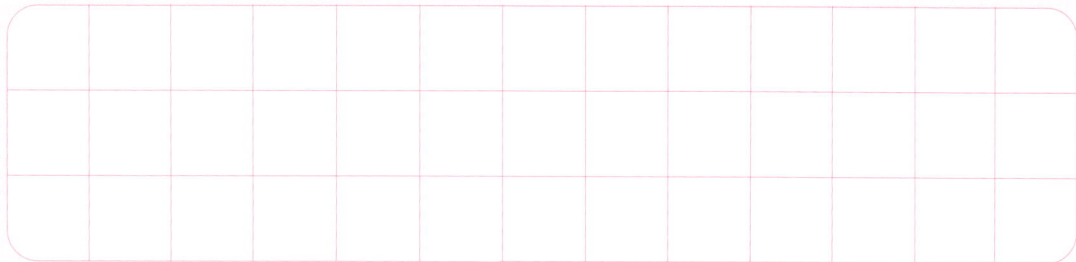

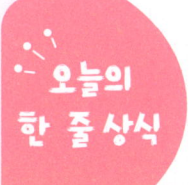
오늘의 한 줄 상식

아무도 보지 않을 때 바르게 행동하는 것이 진짜 용기 있는 행동이라는 뜻이에요. 그러니 용감한 어린이라면 언제 어디서나 바른 행동과 마음가짐을 지녀야겠지요?

마음 토닥토닥 48일차

우습다

1. 국어사전을 찾아보며 한 줄

우습다: 재미가 있어 웃을 만하다.

2. 내 마음을 들여다보며 한 줄

예시) '진짜 원숭이 같잖아!' 원숭이 흉내를 내는 짝꿍을 보고 웃음이 터졌어.
점심때 짜장면을 먹었는데 다들 수염이 하나씩 생겼어.
아빠 배가 뽈록 튀어나와서 와이셔츠 단추가 튕겨 나올 것 같아.

3. 마음을 토닥이며 한 줄

유머는 고무로 만들어진 칼이다. 피를 흘리지 않고도 주장을 펼칠 수 있게 해 주기 때문이다. – 매리 허쉬

	유	머	는		고	무	로		만	들	어	진
칼	이	다	.		피	를		흘	리	지		않	고
도		주	장	을		펼	칠		수		있	게
해		주	기		때	문	이	다	.

오늘의 한 줄 상식

'유머'는 남을 웃기는 말이나 행동을 뜻해요. 웃음을 잘 사용하면 상대방에게 상처 주지 않고 의견을 효과적으로 전달할 수 있어요.

마음 토닥토닥 49일차   월   일

우울하다

1. 국어사전을 찾아보며 한 줄

우울하다: 걱정이 있거나 답답하여 활기가 없다.

2. 내 마음을 들여다보며 한 줄

예시) 놀이공원에 가기로 했는데, 비가 와서 꼼짝도 못 하고 집에 있어.
발표 준비를 열심히 했는데 떨려서 한마디도 못 했어.
엄마가 아파서 누워 계시는 걸 보고 학교에 왔어. 뭘 해도 재미가 없어.

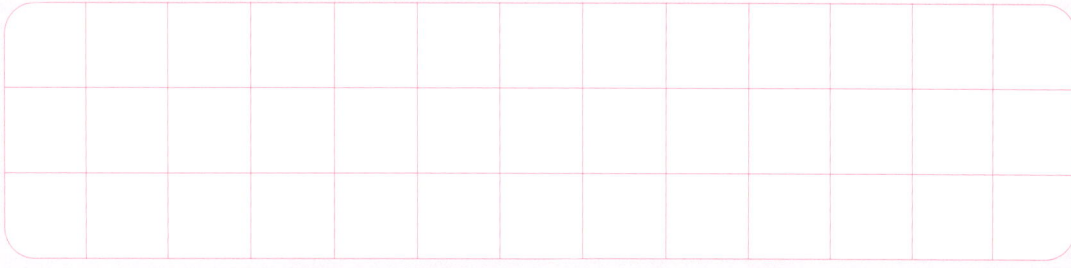

3. 마음을 토닥이며 한 줄

어둠은 영원하지 않다. 그리고 그런 어둠 속에서도 별은 존재한다.
- 어슐러 K. 르 귄

어	둠	은		영	원	하	지		않	다	.
그	리	고		그	런		어	둠		속	에	서
도		별	은		존	재	한	다	.			

 **오늘의 한 줄 상식**

지금의 우울함이 계속되지는 않을 것이라는 뜻이에요. 만약 우울한 마음이 계속 들면 부모님이나 선생님처럼 믿을 만한 어른에게 도움을 요청하세요.

마음 토닥토닥 50일차   월   일

유쾌하다

1. 국어사전을 찾아보며 한 줄

유쾌하다: 즐겁고 상쾌하다.

2. 내 마음을 들여다보며 한 줄

예시) 친구가 하하하 웃으니 나도 웃음이 나.
　　　현장체험학습에 가는 날엔 발걸음이 참 가벼워.
　　　배꼽 빠지게 웃긴 만화를 읽고 또 읽었어.

3. 마음을 토닥이며 한 줄

친구에게 이를 드러내고 웃는 사람이 친구에게 우유를 건네는 사람보다 낫다.
- 《탈무드》

	친	구	에	게		이	를		드	러	내	고	∨
웃	는		사	람	이		친	구	에	게		우	
유	를		건	네	는		사	람	보	다		낫	
다	.												

오늘의 한 줄 상식
《탈무드》는 유대인의 율법과 해설을 모아 놓은 책이에요. 유대인의 지혜가 담뿍 담겨 있어서 전 세계 사람들에게 교훈을 주고 있답니다.

마음 토닥토닥 51일차 　　　　월　　　일

자랑스럽다

1. 국어사전을 찾아보며 한 줄

자랑스럽다: 남에게 드러내어 뽐낼 만한 데가 있다.

2. 내 마음을 들여다보며 한 줄

예시) 교장 선생님께 상장을 받았어. 이 모습을 내가 아는 모든 사람이 봤으면!
친구에게 줄넘기를 알려 줬는데, 다른 친구들도 알려 달라고 줄을 서네.
"우리 아빠는 나를 한 손으로 번쩍 든다니까!" 친구들한테 말했더니 깜짝 놀라.

3. 마음을 토닥이며 한 줄

어떤 일도 완성되기 전에는 떠벌리지 마라.
- 그라시안

오늘의 한 줄 상식

'떠벌리다'는 이야기를 과장하여 늘어놓는다는 뜻이에요. 아무리 자랑스러운 일이라도 먼저 자랑해 버렸다가 제대로 되지 않으면 망신스러울 수 있으니 조심하는 것이 좋아요.

마음 토닥토닥 52일차 | 월   일

재미있다

1. 국어사전을 찾아보며 한 줄

재미있다: 즐겁고 유쾌한 느낌이 있다.

2. 내 마음을 들여다보며 한 줄

예시) '벌써 끝났어?' 웃다 보니 수업이 끝나 버렸네!
이 아이스크림은 입에서 톡톡 터지는 느낌이 재미있어서 자꾸 먹게 돼.
점심시간에 친구들과 축구랑 피구를 하는 맛에 학교에 가.

3. 마음을 토닥이며 한 줄

흥미의 세계가 넓으면 넓을수록 행복의 기회가 많아진다.
– 버트런드 아서 윌리엄 러셀

	흥	미	의		세	계	가		넓	으	면
넓	을	수	록		행	복	의		기	회	가
많	아	진	다	.							

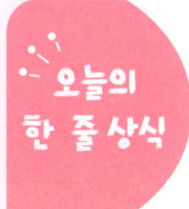
오늘의
한 줄 상식

'흥미'란 마음을 쏠리게 하는 재미를 말해요. 마음에 특별히 드는 재미 있는 분야가 생기면, 책을 찾아 읽거나 직접 경험해 보면서 행복을 찾아 보세요.

마음 토닥토닥 53일차   월   일

즐겁다

1. 국어사전을 찾아보며 한 줄

즐겁다: 마음에 들어 흐뭇하고 기쁘다.

2. 내 마음을 들여다보며 한 줄

예시) 내 단짝 친구랑은 뭘 해도 기분이 참 좋아.
　　　설날에 온 가족이 다 모였어. 맛있는 음식도 많고, 심심할 틈도 없어.
　　　놀이터에서 놀 때는 시간이 가는 줄도 모르겠어.

3. 마음을 토닥이며 한 줄

즐거움은 애써 찾을 것이 아니라, 괴로운 점만 없애면 곧 즐거워진다.
　-《채근담》

	즐	거	움	은		애	써		찾	을		것
이		아	니	라	,		괴	로	운		점	만
없	애	면		곧		즐	거	워	진	다	.	

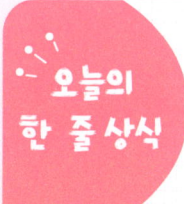
오늘의 한 줄 상식　지금 당장 나를 힘들게 하는 일만 없어도 충분히 즐거워질 수 있다는 뜻이에요.

마음 토닥토닥 54일차 　　월　　일

지루하다

1. 국어사전을 찾아보며 한 줄

지루하다: 시간이 오래 걸리거나 같은 상태가 오래 계속되어 따분하다.

2. 내 마음을 들여다보며 한 줄

예시) 놀이기구 하나 타려고 한 시간 넘게 기다리는 중이야.
　　　오늘따라 수학 시간이 왜 이렇게 안 끝난담?
　　　이 장난감은 너무 오래 가지고 놀았어.

3. 마음을 토닥이며 한 줄

만약 매일매일이 휴일과 같다면 노는 것도 일하는 것만큼이나 지루할 것이다.
- 윌리엄 셰익스피어

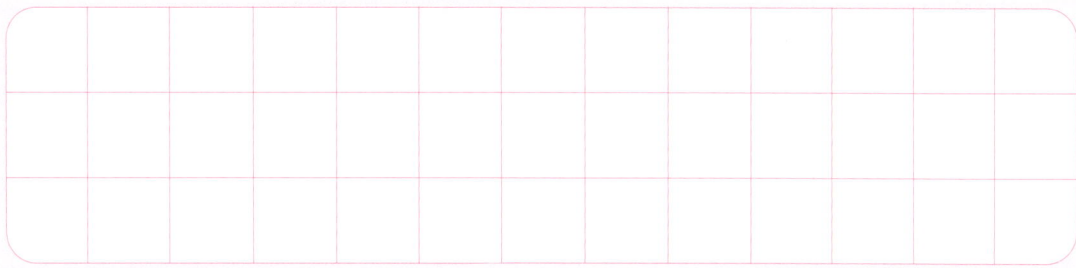

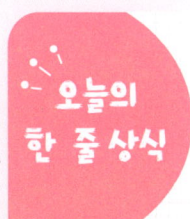

오늘의 한 줄 상식

윌리엄 셰익스피어(1564~1616)는 영국의 극작가이자 시인입니다.《햄릿》,《로미오와 줄리엣》,《리어왕》,《베니스의 상인》등 수많은 작품을 남겨 역사상 가장 영향력 있는 작가로 알려져 있습니다.

마음 토닥토닥 55일차 　 월 　 일

짜릿하다

1. 국어사전을 찾아보며 한 줄

짜릿하다: 마음이 순간적으로 흥분되고 떨리는 듯하다.

2. 내 마음을 들여다보며 한 줄

예시) 내가 응원하는 야구팀이 9회 말에 역전승을 했어!
　　　아빠랑 같이 루지를 타는데, 날아갈 것 같아.
　　　빠르다고 으스대는 승민이를 달리기 경주에서 이겨 버렸어.

3. 마음을 토닥이며 한 줄

승리가 어려울수록 승리에 대한 행복은 커진다.
- 펠레

| | 승 | 리 | 가 | | 어 | 려 | 울 | 수 | 록 | | 승 | 리 |
| 에 | | 대 | 한 | | 행 | 복 | 은 | | 커 | 진 | 다 | . |

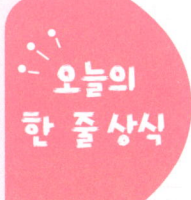
오늘의
한 줄 상식

매번 쉽게 이기는 것은 재미가 없죠. 어려움을 이겨 낸 뒤 얻는 승리는 그 짜릿함이 대단합니다. 그러니 어려운 일을 두려워하지 말고 도전해 보세요.

마음 토닥토닥 56일차 　 월 　 일

짜증스럽다

1. 국어사전을 찾아보며 한 줄

짜증스럽다: 귀찮고 성가셔서 못마땅하다.

2. 내 마음을 들여다보며 한 줄

예시) 가만히 있어도 땀이 주르르 흐르는데, 동생이 자꾸 안아 달래.
"지우야, 지우야!" 열 번은 부른 것 같은데 대답을 안 해.
'이럴 줄 알았어.' 오늘도 친구는 말도 없이 약속에 늦었어.

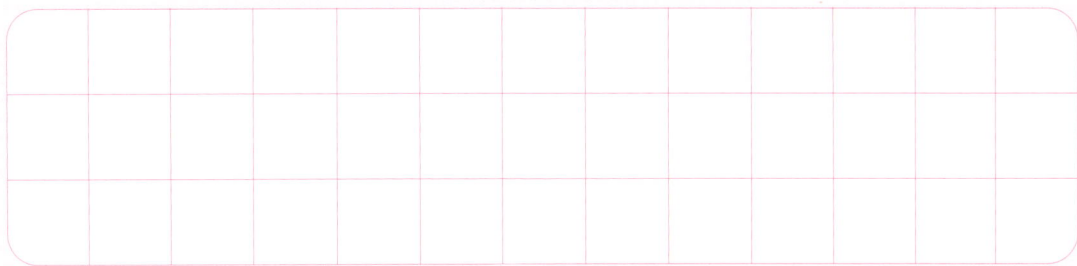

3. 마음을 토닥이며 한 줄

유머가 있으면 이내 우리의 모든 짜증과 분노가 사라지고 대신 명랑한 기운이 생겨난다.
- 마크 트웨인

	유	머	가		있	으	면		이	내		우
리	의		모	든		짜	증	과		대	신		명	랑	한		기
사	라	지	고		대	신		명	랑	한		기
운	이		생	겨	난	다	.					

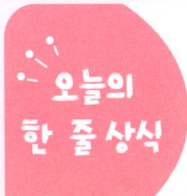

마크 트웨인(1835~1910)은 미국의 작가로, 《톰 소여의 모험》, 《왕자와 거지》, 《허클베리 핀의 모험》 등을 썼어요. 미국 유머에 공헌한 사람에게 주는 상 이름이 '마크 트웨인 유머상'일 정도로 유머를 사랑했답니다.

마음 토닥토닥 57일차 　　월　　일

초조하다

1. 국어사전을 찾아보며 한 줄

초조하다: 답답하거나 안타깝거나 걱정이 되어 마음이 조마조마하다.

2. 내 마음을 들여다보며 한 줄

예시) 발표할 차례가 점점 다가오고 있어.
　　　선생님이 내 시험지를 채점하고 계셔. 손에 땀이 다 나네.
　　　할아버지가 수술실에 들어가셨어. 온 가족이 기다리는 중이야.

3. 마음을 토닥이며 한 줄

지키는 냄비가 더디 끓는다.
- 한국 속담

	지	키	는		냄	비	가		더	디		끓
는	다	.										

오늘의 한 줄 상식
결과를 초조하게 기다리고 있으면 시간이 더 걸리는 것같이 느껴진다는 뜻이에요.

마음 토닥토닥 58일차　　　월　　일

통쾌하다

1. 국어사전을 찾아보며 한 줄

통쾌하다: 아주 즐겁고 속이 시원하다.

2. 내 마음을 들여다보며 한 줄

예시) 고약한 양반을 약올리는 홍길동을 보니 속이 다 시원해.
　　　우리나라 국가대표 선수가 온갖 방해 속에서도 금메달을 땄어.
　　　놀이터에서 애들을 괴롭히던 형들이 경찰 아저씨에게 혼나고 있어.

3. 마음을 토닥이며 한 줄

복수할 때 인간은 그 원수와 같은 수준이 된다. 그러나 용서할 때는 그 원수보다 위에 있게 된다. - 프란시스 베이컨

복	수	할		때		인	간	은		그
원	수	와		같	은		수	준	이		된	다	.
그	러	나			용	서	할		때	는		그
원	수	보	다		위	에		있	게		된	다	.

오늘의 한 줄 상식

친구에게 당한 괴롭힘을 그대로 갚아 주면 통쾌할 수는 있지만, 사실은 괴롭힌 친구와 내가 다를 바 없다는 것을 뜻합니다. 좀 더 넓은 마음을 가지고 친구를 용서하세요. 그럼 나는 그 친구보다 훨씬 훌륭한 사람이 될 수 있답니다.

마음 토닥토닥 59일차 월   일

편안하다

1. 국어사전을 찾아보며 한 줄

편안하다: 몸이나 마음이 편하고 걱정 없이 좋다.

2. 내 마음을 들여다보며 한 줄

예시) 드레스를 벗고, 운동복으로 갈아입으니 날아갈 것 같아.
숙제를 다 하고 침대에 벌렁 누웠어.
그 극장의 의자는 적당히 푹신하고 팔걸이도 넓어.

3. 마음을 토닥이며 한 줄

사람을 판단하는 최고의 척도는 안락하고 편안할 때가 아니라, 도전과 투쟁할 때의 모습이다. – 마틴 루터 킹

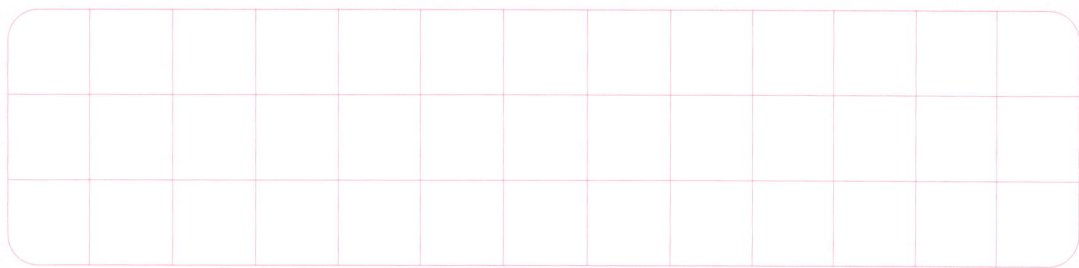

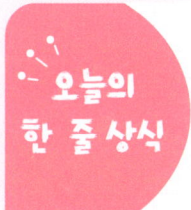

마틴 루터 킹(1929~1968)은 미국의 비폭력 흑인 인권 운동가이자 목사로, 노벨평화상을 수상했어요. 킹 목사의 '나는 꿈이 있습니다'라는 연설문은 아직도 많은 사람들에게 사랑받고 있답니다.

마음 토닥토닥 60일차   월   일

평화롭다

1. 국어사전을 찾아보며 한 줄

평화롭다: 걱정 없이 조용하고 화목하다.

2. 내 마음을 들여다보며 한 줄

예시) 엄마 무릎을 베고 누웠더니 스르르 잠이 와.
　　　시골 할머니 댁 마당에서 마을 풍경을 보면 기분이 좋아져.
　　　새끼 판다가 엄마 판다 품에 안겨서 자고 있는 모습이 평온해 보여.

3. 마음을 토닥이며 한 줄

가정에서 마음이 평화로우면 어느 마을에 가서도 축제처럼 즐거운 일들을 발견한다.
- 인도 속담

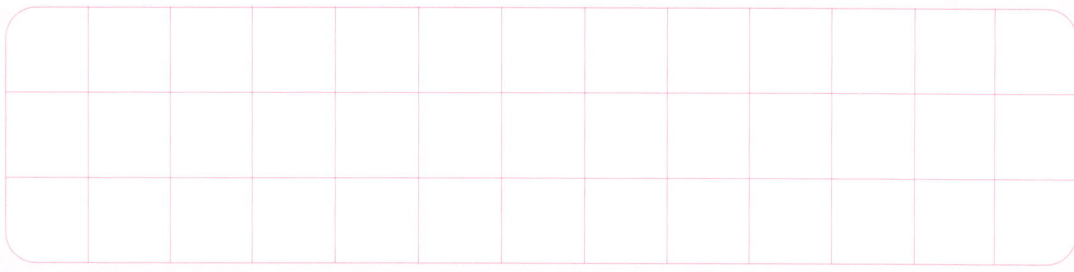

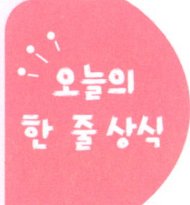

'축제'란 어떤 것을 기념하거나 축하하기 위해 벌이는 행사예요. 마음이 평화로우면 언제 어디서든 축제처럼 기쁘고 흐뭇하게 지낼 수 있다는 뜻입니다.

마음 토닥토닥 61일차   월   일

피곤하다

1. 국어사전을 찾아보며 한 줄

피곤하다: 몸이나 마음이 지쳐서 힘들다.

2. 내 마음을 들여다보며 한 줄

예시) 동생이 온종일 칭얼대는 걸 들으니 진이 빠지는 느낌이야.
　　　 운동회가 끝나고 친구랑 더 놀고 들어왔더니 꼼짝도 못 하겠어.
　　　 '또 시작이야?' 자기 마음대로 안 될 때 성질내는 친구가 있어.

3. 마음을 토닥이며 한 줄

호랑이도 곤하면 잔다.
- 한국 속담

| | 호 | 랑 | 이 | 도 | | 곤 | 하 | 면 | | 잔 | 다 | |

오늘의 한 줄 상식

누구나 피곤할 때는 쉬어야 한다는 뜻이에요. 일이 잘 안될 때는 잠시 쉬면서 다음 기회를 기다리는 것이 지혜롭다는 의미도 담겨 있지요.

마음 토닥토닥 62일차 　월　일

행복하다

1. 국어사전을 찾아보며 한 줄

행복하다: 충분히 만족하고 기쁘다.

2. 내 마음을 들여다보며 한 줄

예시) 오늘 저녁은 온 가족이 다 모여서 맛있는 불고기를 먹었어.
폭신한 잔디밭 위에 벌렁 누우니 시원한 바람이 살랑 불어와.
아빠랑 엄마가 양쪽에서 내 손을 잡은 뒤 '부웅' 하고 손 그네를 태워 주셨어.

3. 마음을 토닥이며 한 줄

어리석은 사람은 행복을 멀리에서 찾는다. 슬기로운 사람은 자신의 발밑에서 행복을 키운다. – 제임스 오펜하임

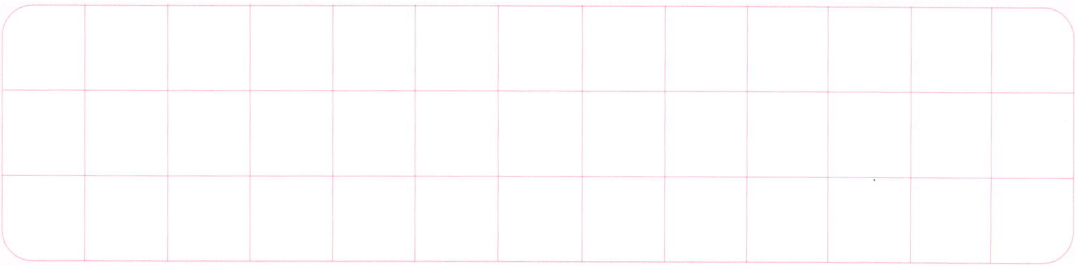

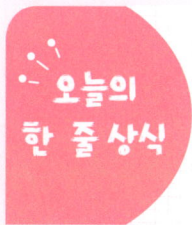

제임스 오펜하임(1882~1932)은 미국의 시인이자 소설가예요. 그는 "기쁨은 사물에 있는 것이 아니라 우리 안에 있다"와 같이 긍정적인 명언을 많이 남겼답니다.

마음 토닥토닥 63일차   월   일

허무하다

1. 국어사전을 찾아보며 한 줄

허무하다: 의미 없게 느껴져서 허전하고 쓸쓸하다.

2. 내 마음을 들여다보며 한 줄

예시) 축구 경기가 끝나기 1분 전에 연달아 두 골을 먹어서 졌어.
한 달 동안 피아노곡을 연습했는데, 콩쿠르에서 세 번이나 틀렸어.
반납할 책을 잔뜩 갖고 낑낑대며 도서관에 갔는데, 이런! 오늘 휴관일이야?

3. 마음을 토닥이며 한 줄

내 마음속에 어떤 공허감이 있다면 그것은 자기가 어떤 것을 찾고 있다는 증거이다.
– 블레즈 파스칼

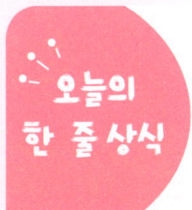

'공허감'이란 허무한 마음이에요. 허무한 마음이 든다고 실망하지 마세요. 여러분이 찾는 것이 있다는 뜻이고, 포기하지 않으면 찾을 테니까요.

마음 토닥토닥 64일차   월   일

화나다

1. 국어사전을 찾아보며 한 줄

화나다: 마음에 들지 않아서 몹시 기분이 나빠지다.

2. 내 마음을 들여다보며 한 줄

예시) "하지 말라고 했지!" 오빠가 자꾸 놀려서 소리를 꽥 질렀어.
내가 아껴 뒀던 스티커를 동생이 자기 공책에 다 붙여 놨어.
짝꿍이 내 공책을 억지로 뺏으려다가 쭉 찢어졌어.

3. 마음을 토닥이며 한 줄

현자도 화를 내면 현명함을 잃는다.
- 《탈무드》

현	자	도		화	를		내	면		현	명
함	을		잃	는	다	.					

오늘의 한 줄 상식

현자賢者란 마음이 넓고 슬기로운 사람을 말해요. 그런데 현자도 화를 내면 지혜를 잃을 수 있다니, 화가 날수록 말과 행동을 조심해야겠지요?

마음 토닥토닥 65일차 　 월 　 일

후련하다

1. 국어사전을 찾아보며 한 줄

후련하다: 답답한 마음이 풀려 시원하다.

2. 내 마음을 들여다보며 한 줄

예시) 후아! 밀렸던 학습지를 다 풀었어!
 거짓말했던 걸 엄마께 다 말씀드렸어. 이제야 밥이 넘어가네.
 "우리 이제 딴 거 해 볼까?" 친구에게 하고 싶은 말을 드디어 했어!

3. 마음을 토닥이며 한 줄

용서는 당신의 삶에 웃음과 후련함을 돌려준다.
– 조앤 런든

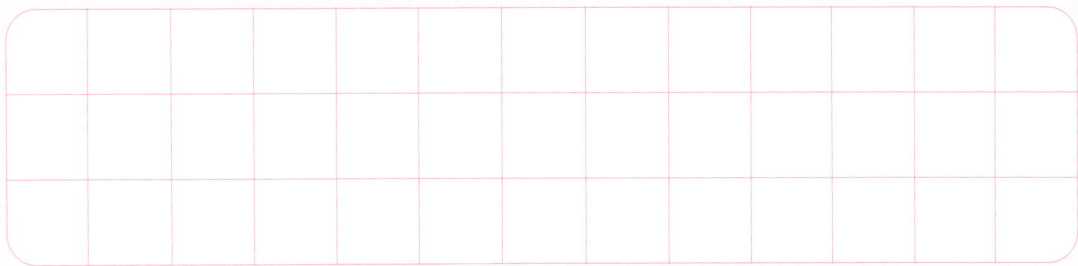

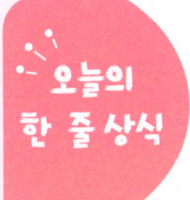
오늘의
한 줄 상식

'분노, 원망, 상처를 붙잡고 있으면 근육통과 두통이 생기고, 이를 악물어 턱이 아프다' 라는 말 뒤에 이어진 글입니다. 마음에 쌓인 분노, 원망, 상처가 있다면 얼른 후련하게 용서해 볼까요?

마음 토닥토닥 66일차   월   일

흐뭇하다

1. 국어사전을 찾아보며 한 줄

흐뭇하다: 마음에 들어 매우 만족스럽다.

2. 내 마음을 들여다보며 한 줄

예시) 어제 내가 알려 준 글자를 동생이 척척 잘 읽어.
글씨만 있는 두꺼운 책을 열 권이 넘게 읽었어.
그동안 풀었던 문제집을 쌓아 놓으니 제법 많아.

3. 마음을 토닥이며 한 줄

배부른 고양이 새끼 냄새 맡아 보듯.
- 한국 속담

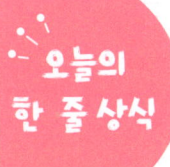
오늘의
한 줄 상식

'잔뜩 먹은 고양이가 흡족해서 제 새끼를 핥아 주면서 냄새를 맡듯 한다'는 뜻으로, 무슨 일에서나 마음이 흐뭇해서 이것저것 살펴보고 만져 보고 하는 모양을 비유한 말이에요.

참고문헌

1. 국립국어원 〈한국어 학습용 어휘목록〉(2005년)
2. 《감정의 발견》(마크브래킷, 임지연 역, 2020년, 북라이프)
3. 국립국어원 《말뭉치 감정 분석 및 연구》(2022년)

66일 기초완성 문해력 워크북
하루 3줄 쓰기
내 마음의 이름을 알아요

1판 1쇄 인쇄 2024년 6월 12일
1판 1쇄 발행 2024년 7월 3일

지은이 윤희솔
펴낸이 고병욱

기획편집2실장 김순란 **책임편집** 권민성 **기획편집** 조상희 김지수
마케팅 이일권 함석영 황혜리 복다은 **디자인** 공희 백은주
제작 김기창 **관리** 주동은 **총무** 노재경 송민진 서대원

펴낸곳 청림출판(주)
등록 제2023-000081호

본사 04799 서울시 성동구 아차산로17길 49 1009, 1010호 청림출판(주)
제2사옥 10881 경기도 파주시 회동길 173 청림아트스페이스
전화 02-546-4341 **팩스** 02-546-8053

홈페이지 www.chungrim.com **이메일** life@chungrim.com
인스타그램 @ch_daily_mom **블로그** blog.naver.com/chungrimlife
페이스북 www.facebook.com/chungrimlife

ⓒ 윤희솔, 2024

ISBN 979-11-93842-09-6 74710

※ 이 책은 저작권법에 따라 보호를 받는 저작물이므로 무단 전재와 무단 복제를 금합니다.
※ 책값은 뒤표지에 있습니다. 잘못된 책은 구입하신 서점에서 바꾸어 드립니다.
※ 청림Life는 청림출판(주)의 논픽션·실용도서 전문 브랜드입니다.